中华文明探微

展现悠久历史 Enbody the long history
探寻中华文明 Explore the Chinese civilizaiton

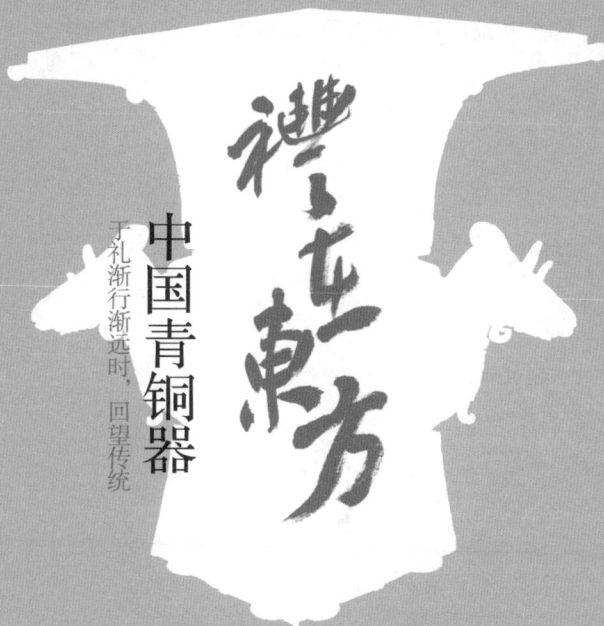

礼在東方

Chinese
Bronze Wares

中国青铜器

于礼渐行渐远时，回望传统

白巍 戴和冰 主编
丁孟 著

北京出版集团公司
北京教育出版社

图书在版编目（CIP）数据

礼在东方：中国青铜器 / 丁孟著. — 北京：北京
教育出版社，2013.4
（中华文明探微 / 白巍，戴和冰主编）
ISBN 978-7-5522-1079-8

Ⅰ. ①礼… Ⅱ. ①丁… Ⅲ. ①青铜器（考古）—介绍
—中国 Ⅳ. ①K876.41

中国版本图书馆CIP数据核字（2012）第216177号

中华文明探微

礼在东方
中国青铜器
LI ZAI DONGFANG

白　巍　戴和冰　主编

丁　孟　著

出　版　北京出版集团公司
　　　　北京教育出版社
地　址　北京北三环中路6号
邮　编　100120
网　址　www.bph.com.cn
总发行　北京出版集团公司
经　销　新华书店
印　刷　滨州传媒集团印务有限公司
版印次　2013年4月第1版　2018年11月第3次印刷
开　本　700毫米×960毫米　1/16
印　张　10.75
字　数　120千字
书　号　ISBN 978-7-5522-1079-8
定　价　36.00元
质量监督电话　010-58572393

总　序

　　时下介绍传统文化的书籍实在很多，大约都是希望通过自己的妙笔让下一代知道过去，了解传统；希望启发人们在纷繁的现代生活中寻找智慧，安顿心灵。学者们能放下身段，走到文化普及的行列里，是件好事。《中华文明探微》书系的作者正是这样一批学养有素的专家。他们整理体现中华民族文化精髓诸多方面，不炫耀材料占有，去除文字的艰涩，深入浅出，使之通俗易懂；打破了以往写史、写教科书的方式，从中国汉字、戏曲、音乐、绘画、园林、建筑、曲艺、医药、传统工艺、武术、服饰、节气、神话、玉器、青铜器、书法、文学、科技等内容庞杂、博大精美、有深厚底蕴的中国传统文化中撷取一个个闪闪的光点，关照承继关系，尤其注重其在现实生活中的生命性，娓娓道来。一张张承载着历史的精美图片与流畅的文字相呼应，直观、具体、形象，把僵硬久远的过去拉到我们眼前。本书系可说是老少皆宜，每位读者从中都会有所收获。阅读本是件美事，读而能静，静而能思，思而能智，赏心悦目，何乐不为？

　　文化是一个民族的血脉和灵魂，是人民的精神家园。文化是一个民族得以不断创新、永续发展的动力。在人类发展的历史中，中华民族的文明是唯一一个连续5000余年而从未中断的古老文明。在漫长的历史进程中，中华民族勤劳善良，不屈不挠，勇于探索；崇尚自然，感受自然，认识自然，与自然和谐相处；在平凡的生活中，积极进取，乐观向上，善待生命；乐于包容，不排斥外来文化，善于吸收、借鉴、改造，使其与本民族文化相融合，兼容并蓄。她的智慧，她的创造力，是世界文明进步史的一部分。在今天，她更以前所未有的新面貌，充满朝气、充满活力地向前迈进，追求和平，追求幸福，勇担责任，充满爱心，显现出中华民族一直以来的达观、平和、爱人、爱天地万物的优秀传统。

　　什么是传统？传统就是活着的文化。中国的传统文化在数千年的历史中产生、演变，发展到今天，现代人理应薪火相传，不断注入新的生命力，将其延续下去。在实践中前行，在前行中创造历史。厚德载物，自强不息。是为序。

汤一介

青铜韵千古

　　铜作为第一种登上文明舞台的金属，有其必然性。天然铜具有良好的延展性，适于锻打造型，又因为它的熔点低而成为人类最早掌握冶炼技术的金属。这种天然铜冶炼出的铜呈现浅红色的光泽，我们一般称之为红铜。在新石器时代，红铜制品已经比较普遍，但是红铜的质地相当柔软，还无法成为石器的替代材料，因此，发明和使用红铜的这段时间并没有被历史学家命名为红铜时代。不过，成熟的红铜材料获取和制作技术所积累的经验，使得人们最终创造出了复杂的青铜加工技术。在中国，红铜出现的比较确切的时间是始于公元前2000年前的甘肃齐家文化和辽宁西部的夏家店文化，在有关遗址中已经发现过红铜装饰品和小件器物。锡的特性类似于红铜，易于冶炼，又相当柔软，实用性不强。至今，我们还没有找到人类早期发现锡的具体时间资料，但可以推断，它与红铜冶炼的发明，在时间上应该是相近的，毕竟青铜的出现和锡密切相关。人们发现冶铸红铜时，加入一定比例的锡，熔点会更低，而硬度却大大提高，于是，青铜诞生了，并代表了一个时代。

　　"青铜时代"这个名词最早可追溯到19世纪上半叶，时任丹麦国家博物馆馆长的克里斯蒂安·于恩森·汤姆森(Christian Jürgensen Thomsen，1788—1865)把馆藏按3个时代分类：一是石器时代，二是青铜时代，三是铁器时代。他在后来的著述《北方古物指南》中给予"青铜时代"这样的定义：以红铜或青铜制成武器和切割工具的时代。这一定义在西方的历史和文化学中一直延续使用。

世界各文明古国都经历了青铜时代。古埃及在中王国时代(前2133—前1786)出现了用青铜制作的生产工具、战车，显示出当时青铜文明的全盛。两河流域的乌尔第一王朝(约前2700—前2371)也已经铸造了青铜器。古印度的青铜时代开始于公元前2350年至前1750年的哈拉巴文化，青铜器以锄、镰、刀、斧、剑等工具和兵器为主。古埃及、两河流域及古印度与中国一样，都是在青铜时代进入了文明时期。

中国历史发展和西方史学家所划分的3个时代是一致的。中国文明有极清晰的生产力发展三大时代特征。然而，仅仅把青铜器看作一种工具，是远远涵盖不了中国青铜时代所具有的历史意义的。中国的青铜时代是世界文明发展过程中特有的类型。青铜器既是这个时代中国文明的象征，又是产生象征的因素，无论从数量还是种类上都是其他文明类型所无法比拟的。中国青铜文化是整个时代文明的概念。

在中国，古史所记"夏铸九鼎"的传说，是打开青铜时代第一页的标记，中国在夏代前期就已掌握了冶炼青铜的技术。中国青铜器伴随着早期国家的确立而出现，自然就成为王权的象征。传说夏所铸造的九鼎，先后被迁移至商和周的国都，它们成为了王朝更迭、新主一统天下的象征。到春秋时期，由于周王室衰弱，楚王假借问九鼎的重量，来炫耀楚国的强大和表达觊觎王权之心。虽然楚王的行动未能如愿，但"问鼎中原"，却从此成为了诸侯各国追求的目标。

在中国的青铜时代，商王武丁时期无疑是最重要的发展阶段，这时国力和青铜铸造工艺都达到顶峰。为了维护神权统治的需要，王室与贵族经常要进行大量繁复的祭祀活动，在这些活动中，青铜器是神坛上的最重要的道具，这也促使青铜器铸造工艺有了长足的进步，体积厚重、纹饰神秘庄重的青铜器大量涌现，形成了中国青铜文化最繁荣的时期。

西周时期最大的贡献，就是礼制建设。从金文记载的内容看，大概在穆王前后，一系列祭祀、军事、飨宴、相见等礼仪制度逐渐形成，并成为当时贵族等级制度的严格规范，这就是中国后世所尊崇的"周礼"。由于青铜器在西周礼仪活动中的标示作用，周人形成"藏礼于器"的制度。因而，此时组合有序的青铜器又被称为"礼器"。孔子曰："唯器与名，不可以假人。"青铜器被赋予"明贵贱、别等列"的作用，青铜器占有的多寡已经成为了贵族身份和地位的象征。

在青铜器上铸刻铭文，是中国青铜时代独有的现象，它们为后代留下了珍贵的史料。早在商代前期，中国青铜器上就开始有象形文字出现，到商代晚期长达数十字的记事铭文开始出现。进入西周以后，更有了许多百字以上的长篇记事铭文。青铜器上的文字，又叫"金文"。目前收录的金文单字有3772个，已识字2420个，未识字1352个。长篇金文的主要内容是颂扬祖先及王侯们的功绩或记录重大历史事件等。

在汉代，人们把青铜器的出土视为祥瑞，开始注意对青铜器的研究和收藏。到了宋朝，由于得到了皇帝的倡导，青铜器的研究蔚成风气，出现了一批著名的学者和著作，如《考古图》（吕大临）、《博古图录》（王黼）、《历代钟鼎彝器款识法帖》（薛尚功）、《啸堂集古录》（王俅）、《钟鼎款识》（王厚之）、《绍兴内府古器评》（张抡）、《皇佑三馆古器图》（杨南仲）、《先秦古器图》（刘原父）、《集古录》（欧阳修）、《金石录》（赵明诚、李清照）等。从研究水平看，他们已达到相当的高度。应该说，宋代为后世的金石学以及近代古器物学和古文字学的发展打下了基础。

清代乾隆年间，钦定将皇家收藏的青铜器编辑成册，著成了《西清古鉴》《宁寿鉴古》《西清续鉴甲编》《西清续鉴乙编》等4部青铜器资料书。

民国时期，受西学东渐的影响，我国古器物及古文字之学有了很大进步。此时的著名学者有王国维和罗振玉。容庚著有《金文编》《商周彝器通考》等书，系统地总结了古器物与古文字学的研究成果。唐兰的《古文字学导论》是我国近代第一部古文字学理论著作，《西周青铜器铭文分代史征》则是作者用金文研究西周史的重要作品。郭沫若的《两周金文辞大系图录考释》是一部具有重要学术价值的巨著，它创造的"西周断代、东周分国"的研究体例，把分散的铭文资料整理成互相关联的史料，成为揭示我国古代社会性质的有力证据。他纂写的《殷周青铜器铭文研究》《金文丛考》等金文专著和论文，都体现了把金文研究与先秦史研究有机结合的鲜明特色。

1949年以后，随着考古事业的发展，青铜器资料大量出土，几乎填补了中国青铜器发展史上的绝大部分缺略。考古学、古文字学的研究方法也日渐缜密，解决了古史研究和古代文化史研究的一系列问题，引起了学术界广泛注意。古器物与古文字之学，已从"蕞尔小学"一变成为"当世显学"。

目　录

礼在东方

中国青铜器

1

永恒的图像
——夏商青铜器

▌ 导言

青铜时代到来前，中国是松散的部族社会。部族联盟首领的产生，实行"禅让"制度，由前任首领推荐，各部族集体拥戴产生。大约在公元前21世纪的时候，居住在黄河中下游地区的夏族大禹，因为领导各族人民疏导治理洪水获得成功，被推戴为天下首领。大禹死后，传位于其子启，建立了中国历史上第一个王朝——夏，至此，"禅让"制被废除，中国古代社会从此进入文明时代。

夏文化虽然还在探索中，但河南偃师二里头遗址中已有青铜器出土，这些青铜器被认为是夏代晚期的。二里头出土的青铜爵 (图1-1)，从铸痕看，内外范多达4

图1-1 夏代青铜爵，河南偃师二里头出土，首都博物馆"考古与发现展"（聂鸣/摄）

1

块，器壁薄而均匀，其工艺水平已经脱离最原始状态，说明中国在夏代已熟练掌握冶炼青铜的技术，中国社会开始步入青铜时代。（图1-2）（图1-3）

公元前16世纪，居住在黄河下游的商部族发展壮大起来了，首领汤起兵灭夏，夏王桀被杀，建立了中国历史上的第二个王朝——商。商代时中国青铜文化有了进一步的发展，商王盘庚将都城确定在殷以后，城市规模增大，国力日益增强，青铜器铸造工艺有了长足的进步，进入了我国青铜文化最繁荣的时期。此时，青铜生产工具和青铜武器已被广泛使用，而且为了适应其神权统治，需要进行大量繁复的祭祀活动。在这些活动中，青铜礼器是神坛上的重要道具，因而体积厚重、纹饰神秘庄重的青铜器大量涌现，并且普遍出现了铭文。

（左）图1-2　夏代青铜盉，河南偃师二里头夏城遗址出土，首都博物馆"早期中国——中华文明起源展"（聂鸣/摄）

（右）图1-3　夏代青铜钺，河南偃师二里头夏城遗址出土，首都博物馆"早期中国——中华文明起源展"（聂鸣/摄）

▌从青铜工具与青铜武器说起

　　商代大多数的文化征象已体现了文明社会特点，但是也存在某些方面的不足，使其不能被称为文明社会。首先，从金属器使用来看，文明的特征是把金属作为工具使用，但商代时青铜器是作为礼器的，生产工具还处于金石并用时代。青铜工具虽然开始应用了，却没有完全替代原始的石、蚌、骨质工具，仍然是石器的配角。尽管如此，青铜工具的使用还是促进了商代的手工业和农业的发展。

　　商代的青铜农具有耒（lěi）、耜（sì）、镢（jué）、铲、犁铧（huá）、铚（zhì）等几个类型。这些用具能够用于农业经济领域，开展并完成一套相对系统、完整的生产劳动程序，基本可以承担垦耕播种、中耕除草、收割等几个阶段的工作。

　　商代的农业是耜耕农业，铜耒、铜耜 (图1-4) 是不可缺少的重要成员。它们主要用于商周之时，是对过去木耒、木耜、石耒、石耜的继承和发展。其中，原始的耒，出现在新石器时代，起初乃为一个尖头的棍棒体，称为单齿耒，后来又有了双齿耒(以木质为多)。而青铜耒，也保持了以前木耒的双齿

图1-4 商代兽面纹耜，江西新干大洋洲商墓出土（聂鸣/摄）

形态，并与圆形銎口相连，安装木柄使用。銎口上面，置横木供脚踏踩，以便用力下挖。由于耒的下端是尖突或尖锥形，与平刃、弧刃和宽刃的铲形器相比，其破土功能更强些，所以，在一些坚硬的或贫瘠的土地上，石耒、木耒和铜耒的使用情况比较普遍些。铜耒的用途颇具综合性，它除了垦田外，还可以用于挖地窖、开河渠等劳动。甲骨文籍字作耤，正像一个直立的人，手持耒柄、举足踏耒肩刺地之形。在河南安阳小屯西地商代窖穴的土壁上还留存有清晰的商代的耒痕，呈　形。其使用方式及功效与今天的铁锹相同。

　　此外，镬、铲、犁铧、铚也是商代使用的农具。镬是在斧、铲的基础上形成的，它是上古时期的刨土工具，是根据人高举下落的劳动状态制造的生产器具。在河南郑州南关等处的商代遗址中，发现过众多的镈范，表明当时已经存在着铸造青铜镈的作坊，工匠们在从事一定规模的制造活动。由石镈发展而来的铜镈，应用量稍多，它与铜铲相比，体实、厚重、狭窄，近似于镐头。农夫用以进行横斫式的刨土劳作。镈为铜制的长条形平板状，刃部比较锋利，镈身为长长的木柄。用它刨土时，农夫两手紧握镈把，高举过头，向下用力，可以较好地斫除荆棘根株，垦辟荒田。铲是一种直插式的破土和整地工具。铲与耜并无太大的区别。耜以垦地为主，銎口和器身宽大，刃部平直或微显弧形，器面厚重一些，且有供脚踏的横木。而铲，器身稍窄、器形稍小，无脚踏横木。因为它属综合性工具，除了耕地之外，还有铲草的职能，故器形不宜宽大、厚重。(图1-5) 商代已经出现了青铜犁铧，其外形与石犁铧相似，用铜矿冶炼铸造而成，上部宽平，有张开之銎口，下部尖突，呈倒置的等边三角形状。其尖突部分，则被制造成锐利的角刃，以利于破土入壤，提高生产效率。铚是古代民间的农用器物，也是手镰(无柄小镰刀)，为收割工具。江西新干出土了一件商代青铜铚，呈长方体，器刃扁薄，背部较厚，长弧刃，并有3个狭长形的穿孔，用以穿绳拷

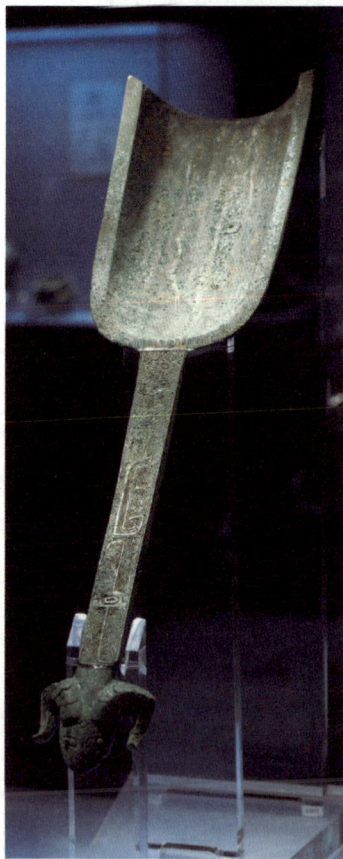

图1-5 商代羊首铲，北京保利博物馆藏（聂鸣/摄）

手，防止脱落。

渔猎，在商代的经济生活中也占有重要地位。此时渔猎的青铜工具有鱼钩。鱼钩体呈半圆形弯转，钩尖尖利，顶端有一周凹槽，可以系线。此外，武器中的铜镞（zú），也常常被用作渔猎工具。

商代的手工业生产离不开青铜工具，此时常用的工具有斧、锛、凿、锯、削、锥和钻等，它们主要用于加工泥范、钻刻甲骨、制作木器和木车等。斧，是砍伐工具，使用方法和今天的斧子相似。与铜斧功用相近的还有锛。锛也是装柄使用的，最早出现于商代晚期，其器形与铜斧大体相似，呈单斜面弧刃，銎口为方形者居多，背面微拱，銎内安插曲形柄。銎壁厚实，且多有纹饰，质地坚硬，造型匀称。（图1-6）锛同斧的区别在于：铜斧是木柄与器刃成一字形，而铜锛是木柄与器刃成丁字形。锯，商代时作矩形，两边有锯齿，用于截断木料或骨料等。削，一般为凹背

图1-6 西周木把青铜锛，河南三门峡虢国博物馆（聂鸣/摄）

弧刃，后有直柄。安阳殷墟妇好墓曾出土有铜削。锥，作柱状或长条形，两面刃，穿孔用。青铜生产工具的使用，提高了生产效率，也推动了商代制车业的发展。

根据《世本·作篇》等古代文献记载，夏代奚仲发明了车子；但是由于年代久远，木质易朽，夏代的车子在考古工作中尚未发现。而商代驾马的木车在考古发掘中已屡有发现，现在我们已经能够据此复原商代马车的结构。商代时大多是一车二马，在辕后部及车轴上面装置乘人的长方形车厢。当时为了使车坚固与美观，在木车及马头上配有青铜制作的构件与饰件，称之为车马器。主要有軎（wèi）、辖、衔、镳（biāo）、毂（gǔ）、当卢、马冠、轭（è）、銮铃。铜軎套在车轴外侧，形状一般呈长筒形，空其粗端套接轴头。铜辖常与軎配合使用，是车轴上的销子，呈长条形，顶上一般有兽头装饰，插入軎上和轴端的横穿孔内，从而使軎不致脱落，也防止了车轮脱出。铜衔又称"勒"，是横勒在马口中的器具，其形制由两节链条组成，两端与镳相接。铜镳饰在马口角的两颊上，其形制有圆形、方形和长条形3种，中央都有一孔。铜毂安装在车轮两侧的轴上，有控制车轮倾斜的作用。铜泡是马颅上的饰物，一般为圆体，以络马头。马冠是系在马额上的饰物，特征为大兽面形，粗眉圆目，巨鼻大口，下颏上凹，边缘有用于皮条缚扎的穿孔。铜轭是车上部件，作人字形，一首两脚，首系车衡，两脚架在马颈上。轭本为木质，外用铜包镶，也有的车轭仅首、足处包套铜饰。

在商朝，有两件事被视为国家大事，一是祭祀与占卜，二就是保卫边防、开拓疆土和掳掠奴隶的征战了，所谓"国之大事，在祀与戎"。武丁是商朝历史上有名的一代君王，他在位近60年中，频繁出征作战，先后征服了西北、东南的周边部族，极大地扩充了王朝的版图。在这个过程中，妻子妇好是他最重要的帮手。妇好作为王后，通过主持祭祀，参与朝中的政治活动。妇好也是商王朝的军事统帅，在征讨羌方的战役中，武丁将商王朝一半以上的兵力（13000余人）都交给了她。这场战役大获全胜，也是武丁时期出兵规模最大的一次。甲骨文卜辞中记录了这一条："贞，登妇好三千，登旅万乎伐羌。"

图1-7　商代青铜刀、戈，江西新干大洋洲出土
（聂鸣/摄）

　　商王朝战无不胜的军队，拥有着当时最先进的青铜制武器。考古发现商代的青铜武器有戈、矛、戟（jǐ）、刀、钺（yuè）、镞、胄等。（图1-7）商代的青铜武器不仅比石质武器锋利、坚固耐用，而且适合批量制造，便于武装军队。在安阳殷墟一座商代晚期王陵的墓道中，就发现有随葬的青

图1-8　商代妇好大钺（中国社会科学院考古研究所藏），河南省安阳市殷墟妇好墓出土，首都博物馆展品（孔兰平/摄）

图1-9　商代妇好大钺纹饰，河南安阳殷墟妇好墓出土，首都博物馆"考古与发现展"（聂鸣/摄）

铜戈722件和成捆的青铜矛731件以及青铜胄141件等，可见当时武器生产的规模之大。

下面分别介绍商代的青铜武器。

钺，是一种劈砍兵器，也是杀人的刑具，铭文中的🈷字，就是以钺斩首的形象。形状像斧头，刃部外侈，内和身之间两侧有栏，身中部凸起。有穿，以安装长柄。多用于刑杀，饰有威武生动的纹饰，是权威的象征物。安阳殷墟妇好墓出土的大铜钺，钺身上部饰双虎欲吞食人头的纹饰，人头置于两个张大的虎口之间。（图1-8）（图1-9）河北藁城台西及北京平谷刘家河还发现了商代后期的铁刃铜钺（图1-10），钺身用青铜制成，刃部则用陨铁锻打而成。它是商代开始利用陨铁的证明。

刀，又称"削"，是商代很有特色的一种兵器。其中直体翘首的大刀，单面侧刃，是

图1-10　商代铁刃青铜钺，商中期，1978年北京平谷县
刘家河出土，中国国家博物馆藏

（左）图1-11 商代青铜削，郑州商城遗址出土，河南郑州博物馆藏（聂鸣/摄）

（下）图1-12 商代青铜戈，安阳戚家庄商墓出土，河南安阳博物馆藏（聂鸣/摄）

用于砍杀的兵器。柄饰马头的短刀，则用于近身格斗。（图1-11）

戈，是最具中国民族特色的长柄格斗兵器。戈的构造很特殊，垂直装柄。横刃有锋，可以横击、啄击和钩杀。商代铜戈援较窄，援内有凸起的栏。一般的无胡无穿。（图1-12）

矛，为刺兵。它由矛身、骹（qiāo）、柲（bì）、镈4部分组成。矛身，就是矛头带刃的部分，中线起脊，有的两旁留有血槽。刃身下口是骹，略呈圆锥形，用来安插矛杆。为了防止矛头脱落，两旁常有两个环纽或留出两个小孔，以便用绳将矛头绑牢在矛杆上。杆末端有镈，用来插地。（图1-13）

镞，是远射武器——弓箭的箭头。商代的弓和箭杆用木制作，箭头则用青铜制成，说明对这一远射武器的重视。

胄，防护装具。商代铜胄制作精良，正面多铸有兽面纹饰，胄上竖立铜管，用来插装羽缨等饰物。西周胄造型朴实，左右两侧向下延伸形成护耳，有的在沿边宽带上凸出一排圆泡钉。（图1-14）

图1-13　商代青铜矛，安阳戚家庄商墓出土，河南安阳博物馆藏（聂鸣/摄）

图1-14　商代兽面纹胄，北京保利博物馆藏（聂鸣/摄）

▌神秘之韵的青铜礼乐器

青铜器在商代代表了巨大的财富。青铜器的
这种财富性质，缘于在当时它是一种稀有金属，
在原料获取、工艺设计和铸造生产过程中都需要
投入大量的资源和劳力，凝聚了巨大的劳动和智
慧，并包含了神秘知识和艺术创造力等多方面的
因素。商代青铜器的生产，除了工具和武器之
外，王室贵族用于礼仪活动的青铜器具为最大
宗。其功能不单是盛物，最重要的在于它的祭祀
作用，祭祀的对象主要是祖先。对祖先的盛大祭
祀是一种当政者才有权从事的礼仪活动，因为通
过对祖先的祭祀，祭祀者便发生了与过去历史的
联系，从而获得了权力来源的某种合法性。以青
铜为核心的古代艺术，通过礼器，将政治、宗教
和艺术结合在一起。

图1-15 商代后母戊大方鼎

14

　　夏代已经出现了包括爵、斝、鼎等容器的青铜礼器，彻底改变了新石器时代以玉器和特殊陶器为主要礼器的局面，形成了以青铜器为中心的礼器群。如果说夏代的青铜器还带有相当原始性的话，那么商代的青铜器则迅速发展，特别在晚商时期达到了中国青铜手工业的一个顶峰，昭示了古代中国独特的青铜文化日臻完善，并对后来数千年中华文明的进程产生了深远的影响。

　　到了商代，青铜礼器已经发展有食器、酒器、水器和乐器四大类。

　　食器中有鼎、鬲（lì）、甗（yǎn）、簋、豆、匕、俎（zǔ）。

　　鼎是古代用以煮或盛肉用的容器。鼎作为最重要的礼器，也是权力的象征，故器形有磅礴的气势，主体纹样突出，方鼎的这种特点更为突出。后母戊大方鼎（图1-15）是迄今发现最大、最重的青铜器，高133厘米，重达875千克。该鼎制作时，采用了多块陶内范和外范拼合的方法浇铸而成，从

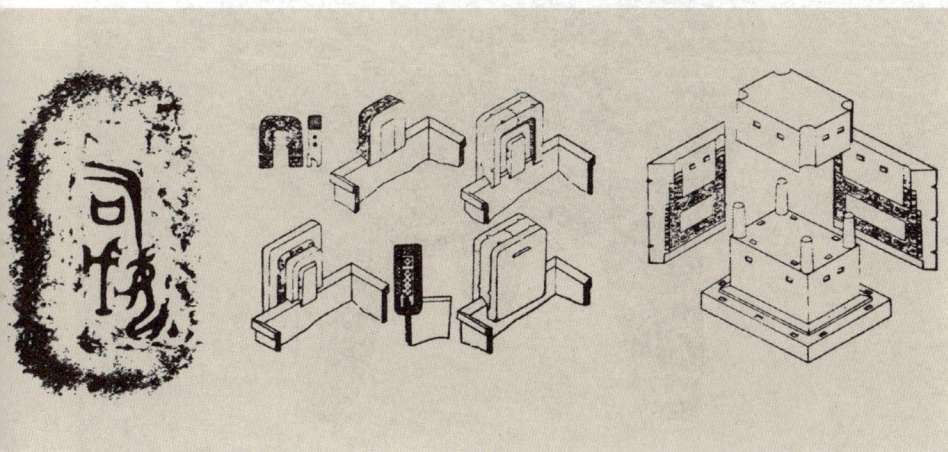

图1-16　商代后母戊大方鼎结构图及铭文（贺新锋/摄）

15

而解决了结构和体量上的难题，为器物造型提供广泛的变化空间，这种方法是商代的技术高峰。（图1-16）这件巨大的青铜方鼎装饰有兽面纹，给人以一种威风八面的气势，纹样的位置处于鼎的视觉中心上，器面上的长方形外框，使整个鼎的形象更加突出，其他装饰纹样显然是次要的。圆鼎的形态，均为圆腹、三足、两耳。（图1-17）

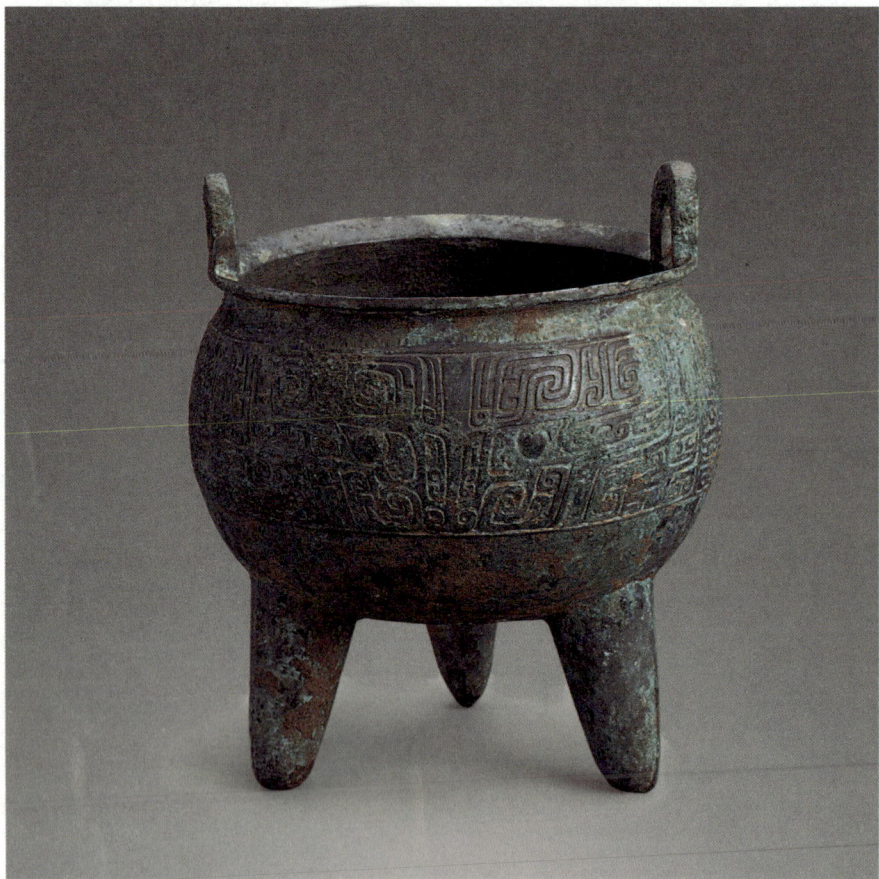

图1-17 商代青铜兽面纹鼎，商中期，1977年北京平谷县刘家河出土，首都博物馆藏

鬲是用来炊煮食物的器皿。鬲的形状似鼎而空足，足空使受热面积增大，易煮熟食物。（图1-18）

甗是专门用于蒸饭的器具，功能相当于现代的蒸锅。甗分为上、下两部分，上部为甑，放置食物；下部称鬲，放水。甑与鬲之间有铜箅。箅上有孔，鬲中水加热后，蒸气通过箅孔蒸热甑内食物。（图1-19）

簋是盛放已熟的黍、稷、稻、梁等饭食的容器，很像现在的饭碗。其基本形制为敞口，圆腹，圈足，无耳或二耳。簋也是重要的礼器，在商周时期它同样是象征贵族身份高低的标志物。据《礼记》记载和现代考古发现，簋是以偶数组合与奇数的列鼎配合使用，天子用九鼎八簋，诸侯七鼎六簋，大夫五鼎四簋，元士三鼎二簋。

豆被用来盛放肉酱。豆多作圆盘，中有长柄称"校"，下为圈足。一般有盖，盖上有提手或环纽。青铜豆出现在商代晚期，而盛行于春秋战国。

匕则是古代挹取食物的叉子。

图1-18　商代弦纹鬲，1977年北京平谷县刘家河出土，首都博物馆藏

图1-19　商代弦纹甗，1977年北京平谷县刘家河出土，首都博物馆藏

17

图1-20 商代青铜
爵，1976年河南
安阳殷墟妇好墓出
土，中国国家博物
馆"古代中国陈列
展"（孔兰平/摄）

匕的用途包括挹取饭食和牲肉。考古发现的匕常与鼎、鬲同时使用。商代
的匕，多体呈条形。

俎是古代祭祀时用以载牲的礼器，也是切肉用的案子。俎体为两端有
足的长方形，有的案面微凹，有的案面上铸十字形孔。青铜俎的数量很
少，已发现的有商代和战国时期的俎。

在商代青铜礼器中，以酒器最多。如妇好墓的随葬礼器有200件，酒器就占到了70%。商代酒器的种类有爵、角、觚（gū）、觯（zhì）、斝、兕觥（sì gōng）、尊、方彝、卣（yǒu）、罍（léi）、壶、盉（hé）、瓿（bù）、勺等十多种，酒器的分类说明商代森严的等级制度。《礼记·礼器》上就有"宗庙之祭，尊者举觯，卑者举角"的规定。平日饮酒，也是富者用铜觚铜壶，贫者用陶觚陶爵。商代饮酒成风，商朝末年，纣王即位，修建了许多离宫别馆，又作"酒池肉林"，为"长夜之饮"，大小贵族无不沉湎于酒色。《尚书·无逸》就斥责商代贵族饮酒无度，"不知稼穑之艰难，不闻小人之劳，惟耽乐之从"。

爵，饮酒器，也是最早出现的青铜礼器。爵的一般形状为圆腹，前有倾酒的流，后有可均衡流重量的尾，旁有鋬，上有二柱，下有三高足。也有的爵腹作方形，少数爵为单柱或无柱。（图1-20）

角，饮酒器。角的形制似爵，无柱、无流，两端都是尾，有的甚至带盖。主要出现于商代和周初。

觚，饮酒器。喇叭形口，细长身，圈足，身上常用凸起的棱作为装饰。（图1-21）

觯，饮酒器。形似小瓶，侈口，圈足，大多数有盖。腹分扁圆体和圆体两

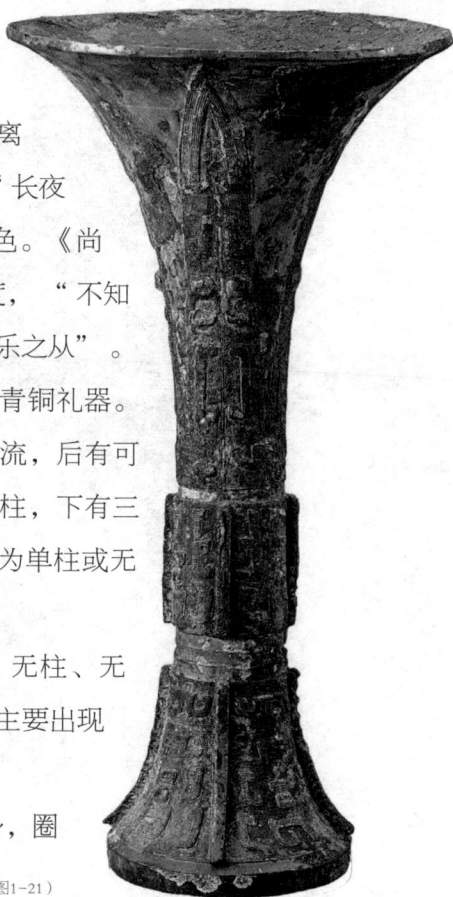

图1-21 商代旅觚，1982年北京昌平县沙河供应站拣选，首都博物馆藏

19

图1-22　商代饕餮纹斝，1977年北京平谷县
刘家河出土，首都博物馆藏

种，前者形制有的较大，流行于商代晚期和西周初期，后者形制均较小，且沿用至东周。

斝，温酒器。一般形状为圆腹，侈口，两柱，一鋬，三高足。少数腹部分裆、袋足；还有的腹作方形而四角发圆，四足，有盖。（图1-22）

兕觥，饮酒器和盛酒器。形状一般为盖作兽头形，器似匜（yí），椭圆腹或方形腹，短流，有鋬，下圈足或四足。有的觥内附有酌酒用的斗，说明它也是盛酒器。（图1-23）

图1-23 商代兕，河南安阳殷墟博物馆藏
（树莓/摄）

图1-24 商代青铜尊，1976年河南安阳殷墟妇好墓出土，中国国家博物馆"古代中国陈列展"（孔兰平/摄）

尊，盛酒器。最常见的有圆形、侈口、圈足尊和少数方尊。（图1-24）

方彝，盛酒器。特征是身作方形，腹有直、有曲，屋顶形盖，盖上有纽。有的方彝腹侧有双耳。安阳殷墟妇好墓出土一件似两件方彝联成一体的长方形器物，郭沫若先生称其为"偶方彝"。

卣，古代盛酒器，并且是专用以盛香酒的祭器。卣的形状很多，或圆，或椭圆，或方形，也有做成圆筒形、鸱鸮形、虎吃人形等。其主要特征为深腹有盖和提梁。盛行于商代和西周。

罍，古代盛酒或盛水器。其形状有圆形和方形两种，一般均作深腹、宽肩、两耳、有盖、圈足，正面下腹部设一穿系用的鼻纽。主要盛行于商代和西周。（图1-25）

图1-25 商代三羊罍及其局部，1977年北京平谷县刘家河出土，首都博物馆藏

　　壶，盛酒器，也用于盛水。青铜壶使用时期长，自商至汉；形式多样，有圆形、方形、扁形、瓠形，以及圆形带流、圆形高足等。

　　盉，古代盛酒或水的器皿。其形状多样，一般是深腹、有盖、前有流、三足或四足。商周盉多后有执鋬，或在盉口下两侧置贯耳；而春秋战国时期盉上多设提梁，即所谓提梁盉。（图1-26）（图1-27）

　　瓿，盛酒或水的器皿。低体，敛口、广肩、圆腹、圈足。盛行于商代。（图1-28）

　　勺，实为从盛酒器中取酒之器。一般作圆筒形，后有长柄，有的短柄中空，要安木柄使用。青铜勺多见于商代。

图1-26　商中期饕餮纹方口盉，1977年北京平谷县刘家河出土，首都博物馆藏

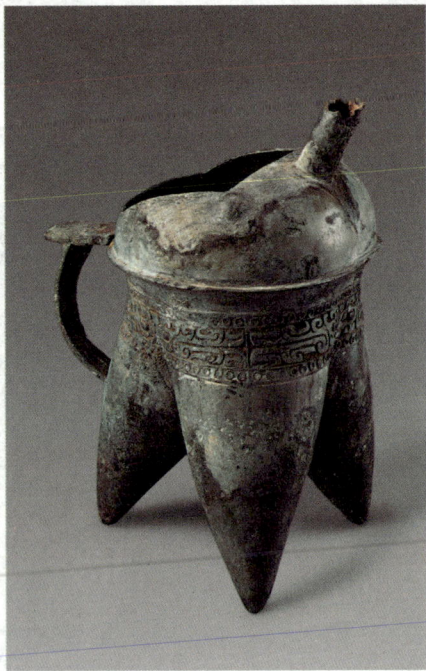

图1-27　商代三足盉，1977年北京平谷县刘家河出土，首都博物馆藏

图1-28　商代青铜瓿，1976年河南安阳殷墟妇好墓出土，中
国国家博物馆"古代中国陈列展"（孔兰平/摄）

商代王和贵族在祭祀、宴飨前要先洗手，洗手时要由年长的人负责倒水，年少的人手捧青铜盘来承接水，这才符合礼仪，所以水器在青铜礼器中也占有重要位置。商代水器有盘与盂。

盘，盛水器。多作圆形，高足。多装饰有象征水的动物图案，如龙纹、龟纹、鱼纹。（图1-29）

图1-29　鸟柱鱼纹盘，商中期，1977年北京平县刘家河出土，首都博物馆藏

盂，盛水或饭食器。一般大盂盛水，小盂盛饭。其状似附耳簋，圆腹，侈口，二附耳，圈足。也有个别方盂。青铜盂出现于商代晚期和西周。

商代为稳固统治的需要，开始建立礼乐制度，以礼明序，定尊卑；以乐调节心灵，融和上下、群体关系。由此而生的礼乐器造就了高度发达的青铜文化。从商代的青铜乐器中，可以遥感当年礼仪的庄严与繁复。商代的青铜乐器主要有继承夏代的铃和新创的铙、鼓。

铃，最早的青铜乐器。在河南偃师二里头文化遗址中就已发现了单翼铃。铃常挂在旗上、车上和犬马身上。铃的形状像钟但体小，一般作平口或凹口，上有弓形纽，体内有舌。

铙，最早的青铜打击乐器。铙的形状似铃而无舌，使用时执把，铙口朝上，用槌敲击。铙以3件或5件为一组。南方出土的大铙形体极大，只能固定在座上进行敲击。（图1-30）大铙具有南方地区特色，与成组的商铙不是同一风格，盛行于商代晚期。（图1-31）

图1-30 商朝后期象纹大铙，通高103.5厘米、重221.5千克，1983年于湖南省宁乡黄材镇月山乡转耳仑出土，湖南省长沙市博物馆藏（鸥戈/摄）

铙是打击乐器，主要用于军旅和祭祀活动。这件象纹铜铙是商代最大的青铜乐器，被誉为商代青铜乐器之王。

27

图1-31 商后期青铜编铙，1976年河南安阳殷
墟妇好墓出土，中国国家博物馆"古代中国陈列
展"（孔兰平/摄）

　　鼓，打击乐器。鼓常用于乐舞、宴会及战争中。商周时期鼓多木质，
铜鼓目前发现属于商代的仅有两面，一面流落日本；另一面是1977年在湖
北崇阳新出土的。两鼓的主要特征是横置的两面鼓，有4足或矩形足。

　　商代青铜器铸造工艺有了长足的进步，体积厚重、纹饰神秘庄重的青
铜器大量涌现，成为了我国青铜文化最繁荣的时期。此时，器物种类进一
步增多，而且有造型多样化的特点。纹饰内容丰富，变化更加突出，不
但流行通体满花，绝大多数使用云雷纹作为地纹，以填充主题纹饰外的空

　　间，而且还出现了在图案上重叠加花的所谓三层花，体现了当时青铜器富丽繁缛之风格。

　　以四羊方尊为例。这件珍贵的大型盛酒器，气势雄伟，肩部装饰的4只高浮雕卷角羊头，形象逼真。此尊是经过两次铸造而成的，先铸尊体，并在肩部相应的位置上预留孔道，然后在孔道上再搭陶范，铸制羊头。合范法铸造工艺，这时达到了很高的水平。四羊方尊腹部纹饰华丽，在云雷纹地上有4组兽面纹，用夸张的手法突出了兽面上最能传神的眼睛，极富神秘

29

的色彩。繁缛与神秘，正是这一时期青铜器艺术的一个突出特点。

青铜器中有许多动物形的容器，可作立体雕塑观赏，如象尊、犀尊、豕尊、羊尊，等等。最常见的是鸮卣，卣像两鸮相背而立。这一类青铜器，大多数饰有通体的复杂花纹。

此期青铜器纹饰中动物纹样大大增加，最典型的是具有神秘色彩的饕餮纹（图1-32），其形状多变，一般尾部下卷，鼻额突出，咧口利爪，巨目凝视，雄严谲奇。有的大幅饕餮纹纹体鼓起，曲角高耸，突出器外，配以浮雕龙、虎、羊首、鹿首和牛首等动物形象，峻挺方折、精湛无比；有的全身满施饕餮纹，器体棱脊四起，深镂细刻富丽堂皇。如亚丑方尊、亚丑方罍等，都是晚商青铜器中出类拔萃的精品。其他花纹还有夔纹、蝉纹、蚕纹、小鸟纹等。这些动物纹样，少数是肖生的，更多的则是神话性的禽兽。（图1-33）（图1-34）

饕餮、夔等为突出代表的并不存在于现实世界的各种动物纹，当时被普遍应用，这显然与商人尚鬼的宗教意识有关。兽面形的所谓饕餮纹，是当时巫术宗教仪典中的主要标志，对该部族具有极为重要的神圣意义和保护功能。《吕氏春秋·先识览》中说："周鼎著饕餮，有首无身，食人未咽，害及其身。"神话失传，意已难解。但"吃人"的含义，却是完全符合凶怪恐怖的饕餮形象的。它一方面是恐怖的化身，另一方面又是保护的神祇。它对异族、别的部落是威惧恐吓的象征，对本族、本部落则又具有保护的神力。所以说，饕餮纹是代表和体现了这个时代精神的青铜艺术。

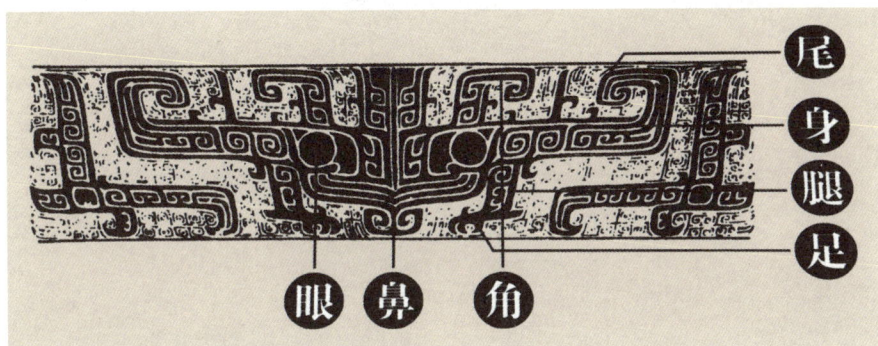

图1-32 商代青铜器饕餮纹（贺新锋/摄）

图1-33 商代青铜器夔纹（贺新锋/摄）

图1-34 商代青铜器龙纹（贺新锋/摄）

▎ 青铜文明的温床——商城

　　商代是中华文明生成期，正从渔猎文化向农业文化转移。初期，商都曾13次迁徙，最重要的原因就是当时还处在一种游荡的粗耕农业阶段。商王盘庚迁殷后，由于农业进入了精耕阶段，终于可久居一地了。农业较为发达，形成固定邑，邑即为城。许多早期文明都具有类似的特征，以邑为国的形式在古希腊发展为城邦制。商王朝所统治的地区有许多邑，其中最大的邑为都，都周围不远的地方，由王直接控制，即所谓"王畿"。（图1-35）

　　1985年在山西省南端的垣曲县发现了商代早期的城址。城墙是以层层夯土修筑的，四面城墙都有城门，西墙外有一条与墙平行的护城壕。城内发现了宫殿建筑基址，城内东南部为居民区，是平民进行生产与生活的主要活动区，大量的窖穴用于储存物品，另有房屋基址、墓葬和人工挖制的排水沟。出土了大量陶器、石器、骨器等生活用具、生产用具。少量祭祀坑，埋有完整的猪骨，是商人举行宗教祭祀活动后埋入的牺牲。发现的墓葬为小型长方形竖穴土坑墓，有少量陶器和鼎、斝、爵等铜器，有的还有

图1-35 商朝乳钉纹铜方鼎，通高100厘米、口长62.5厘米、口宽61厘米、重82.55千克，1974年河南郑州张寨南街出土。2009年4月1日，海南省博物馆"国家宝藏精品展"（彭桐/摄）

殉人，可能是贵族墓葬。城址内西南部为制陶手工业作坊区，发现了多座制陶窑址，多为圆形竖穴窑，有窑室、窑箅、火膛和火门等。

1983年在河南偃师县西发现了商代都城遗址。偃师商城外有郭城、内有宫城，宫城内发现了成片宫殿建筑，宫殿群的北面有规模宏大、内涵丰富的祭祀场所，甚至还有人工挖掘、用石块砌筑的大型水池和沟通城外护城河的水渠，这也说明这里绝非一般城池。城中的青铜器铸造作坊遗址，以及出土的青铜斝、尊、戈、刀和玉器和大量的陶鬲、斝、大口尊等，更加丰富了城址文化内涵。凡此，显示出偃师商城很可能是商汤灭夏之后创建的都城西亳。

1950年在河南郑州市发现了一座早于安阳殷墟的商代遗址，遗址占地面积达25平方千米，规模宏大的都城位于遗址中部，四周是高筑的夯土城墙。手工业作坊区、居民区、墓葬区都分布在城外。手工业包括冶铜、制陶、制骨等作坊。城外的两处铜器窖藏中，还出土了大量属于王室的青铜礼器，其中杜岭方鼎高1米，重86.4千克，是目前发现的商代前期最大的青铜器。学术界有人认为该城址是商代中期商王仲丁的隞都遗址。

1928年在河南安阳开始的考古发掘工作，证实商代后期都城遗址——殷墟位于今安阳西北的小屯村，横跨洹河两岸。殷墟是商代第一个文献可考，并为考古学和甲骨文所证实的都城遗址，自公元前1300年盘庚迁殷，到公元前1046年帝辛亡国，经历了盘庚、小辛、小乙、武丁、祖庚、祖甲、廪辛、康丁、武乙、文丁、帝乙、帝辛共8代12位国王的统治。据《竹书纪年》记载："自盘庚迁殷，至纣之灭，二百七十三年更不徙都"，这里一直是中国商代后期的政治、经济、文化、军事中心。殷墟大致分为宫殿区、王陵区、一般墓葬区、手工业作坊区、平民居住区和奴隶居住区。以宫殿宗庙建筑和王陵大墓为代表的商代建筑，树立了中国古代早期宫殿建筑和皇家墓葬的典范。值得一提的是，在石柱础上发现了放置的铜踬。

铜跽，呈扁圆形，有隔潮作用。铜跽的使用，也反映出商朝王宫的奢华和当时青铜冶铸业的发达。在殷墟出土的15万片甲骨上，发现了目前中国文字体系最早的证据。以青铜器、玉器为代表的殷墟文物和以人祭、人殉、车马殉葬、兽祭等为代表的殷墟丧葬习俗，为商代晚期文化传统提供了独特的证据。

文明的标志是：文字的出现、金属工具的使用、宗教性礼仪中心和都邑城池的建立。从这几方面对商代进行考察，得出有关文明进程情况的结论：一、在青铜器使用方面，偃师二里头、湖北黄陂盘龙城、郑州二里冈都有大量青铜器出土，说明青铜器已广泛使用；二、殷墟大量的青铜器就是祭祀之器，宗教性礼仪中心和城市是一体的；三、文字使用，在殷墟的甲骨和青铜器上发现大量文字，已可辨认的有1000多个字，说明文字已经成熟；四、城市已经出现，西方学者把5000人以上规模和高筑城楼作为城市的标志，而从考古发掘来看，宫殿基址陵墓、居住及手工业遗址则是中国古代城市的基本因素，殷墟的发现，从规模的特征看，城市特征很鲜明。

▍事死如生——贵族墓葬中的青铜器

商代在中国古代厚葬史上，具有举足轻重的地位，是中国厚葬史上出现的第一次高潮。商代族葬墓又分为"公墓"和"邦墓"，这两种葬墓在墓地规模、形制和随葬品方面有所不同。"公墓"是指埋葬国王、王室成员及奴隶主的墓地。它规模大，等级森严，由冢人负责掌管墓地的范围、规划及按宗法等级关系排定墓位。如河南安阳殷墟发现的殷商王陵区便属"公墓"。"邦墓"是指埋葬普通平民、奴隶和个别小奴隶主的墓地。它规模小，由墓大夫掌管，也是按宗法关系实行的族葬。如殷墟的西区（图1-36）、大司空村（图1-37）和后

图1-36　商代青铜子韦觚，河南安阳殷墟出土，河南安阳中国文字博物馆（聂鸣/摄）

图1-37 商代青铜爵，1986年河南安阳大司空村殷墓出土，河南安阳殷墟博物苑（聂鸣/摄）

冈等地便属于"邦墓"。

通过这些墓葬，我们可以了解死者生前的生活、当时的社会制度、当时的丧葬观念及丧葬习俗。中国的考古工作者从1928年开始，先后发掘了殷墟、郑州商代遗址、盘龙城遗址等近2000座的商代墓葬，其中最具代表性的是琉璃阁商墓、武官村大墓、侯家庄商王陵区和妇好墓，它们大多属于商代的中晚期墓群和大墓。从发掘的这些墓葬中，能勾画出商代墓葬形式大致轮廓的要数妇好墓和武官村大墓。

1976年在河南省安阳市小屯村西北发掘的妇好墓，是殷墟的历次考古发掘中影响最大、成果最多、保存最完整的王室墓。墓葬共出土文物1928件，其中青铜器468件。墓葬中的青铜器工艺精湛，种类繁多，有食器、酒器、水器、武器等，数量超过了殷墟历年出土的青铜器总和，且多大型重器和造型新颖别致的器物。如鸮尊 _{（图1-38）}、圈足觥，造型美观， 花纹繁缛；三联甗、偶方彝可说是首次问世。另外，墓中出土的玉器共有755件，它们造型奇特秀美，琢制细腻流畅，代表了商代琢玉和抛光技术的最高水平。

妇好墓器物上的铭文成为判断墓主人身份的依据，墓中有铭文的铜礼器190 件， 其中铸" 妇好"铭文的共109 件。甲骨卜辞上也有关于"妇好"的记载，据郭沫若先生考证，妇好是一位女子名，她是商王武丁的配偶之一。

图1-38　商代"妇好"鸮尊，1976年河南安阳殷墟妇好墓出土，中国国家博物馆"古代中国陈列展"（孔兰平/摄）

武丁是商代的盛世之君，妇好备受武丁宠爱，主管国家军事。甲骨文记载，妇好多次带兵出征，最多的一次率兵13000多人，占到了商军兵力的半数。妇好是我国有史可考的最早的女将军。墓中出土的青铜大钺，做工精细，形式威猛，两面饰有虎食人图案，此钺是军事统帅的象征。

妇好墓如此多的随葬品，是当时人为妇好的精心安排，事死如生，希望妇好死后在阴间过着与生前一样的生活，享受一样的社会地位。出土的这些3000年前美轮美奂的青铜艺术品，在考古学和历史学上有着非常高的地位。礼器群的类别和组合，是研究商代礼制的重要资料。

武官村大墓位于河南省安阳市西北的洹水北岸商王陵区。据考古工作者研究，它是迄今发现商代墓葬规模最大的一座。该墓是一座"中"字形的地下墓坑，墓室平面为长方形，上口南北长14米，东西宽12米，墓底距地表7.2米，面积168平方米。墓室的下部又套有一层椁室，椁室是放置棺椁的地方，长6.3米，宽5.2米，深2.5米，四壁用原木交叉成"井"字形向上垒筑。椁底和椁顶也都用原木铺盖。整个椁室可以说是用原木垒成的六面体。由上往下俯瞰，墓室和椁室相套，上层为墓室，下层为椁室。在其交口处，四周形成土台，是殉葬者葬身之处。东侧殉葬有17人，均为男性，可能是墓主生前的臣僚。西侧殉葬24人，均为女性，可能是墓主生前的妻妾。墓室两边沿南北方向延伸出两条墓道，与墓室平面形成"中"字形。墓道长15米，宽5.2米，倾斜直至椁室入口处。南北墓道里还各有殉马坑和殉人坑。武官村大墓因早年被盗和破坏，已无法判断所葬墓主的身份，但根据武官村大墓的形制及同时期墓葬的考古学资料推测，此墓为商代统治者最高规格的墓葬，且墓中原本应有大量陪葬青铜器物。

▎ 汉字初成

文字的产生是人类进入文明阶段的重要标志，也是中国青铜文化有别于世界其他民族青铜文化的另一突出特征。

青铜时代的文字已发现的主要有两种：一是甲骨文，二是金文。

殷墟出土的150000片甲骨上，有单字4500多个，可识字约1500个。甲骨文是已知最早的汉字。商代的政治、宗教色彩很浓。商人的一切行为都要靠神来安排。为了解神意，必须占卜。商王依靠占卜获得神意来统治。

殷商占卜使用龟甲或牛之类的兽骨。龟甲很少用背甲，一般使用侧腹甲；兽骨多半用牛的肩胛骨。关于占卜方法，首先要把龟甲或者卜骨修整好，然后在背面挖凹槽，再将燃烧的木头抵紧凹槽。经过迅速加热，龟甲或卜骨表面就会产生许多线状裂纹，占卜结果就依靠这些裂纹来判断。

殷人往往把何时、什么人、问卜何事等，用文字刻在占卜后的龟甲或兽骨上，有时还将根据裂纹作出的吉凶判断也刻在上面。记录这类事情的文字就叫作"甲骨文"。而记录于甲骨的主要是占卜的内容与结果，所以这类文句又叫"卜辞"。由于龟甲和兽骨非常坚硬，所以用青铜钻在上面刻字。青铜钻呈菱形柱状，下端为圆弧形刃。1952年在河南郑州二里冈发现的商代中期的青铜钻 _{（图1-39）} 与同出的牛卜骨上的圆钻孔正好相合。殷墟还发现了一些用墨或者朱砂写的甲骨文，说明当时已经用笔书写文字了。

甲骨卜辞的格式规范，用词也很简洁，记录的所卜问的事情完整。甲骨文是我们研究商代史的第一手资料。

甲骨文能完整地记录语言，是具有一定体系和有较严密规律的文字。在汉字的发展中，甲骨文有着重要的地位。与后来的汉字相比，甲骨文还

图1-39 商代青铜钻，河南郑州博物馆藏（聂鸣/摄）

有其独有的特点，表现出一定的原始性：1.字的结构不大固定，一个字既可正写又可反书。 偏旁可左右移动。2.异字同形，如山与火为同一形体。3.甲骨文中合文比较普遍，即把两个或三个字刻在一起，在行款上只占一个字的位置。

图1-40 商代旅觚上的铭文

受甲骨文的影响，商代开始在一些重要的青铜礼乐器和兵器上加铸铭文。由于古人将铜称为"金"，青铜器铭文中的"易（赐）金"，实际上就是赏赐铜，所以，青铜器上的文字又称"金文"。《殷周金文集成》一书，是目前收录古今中外金文资料较为详备的著作。它著录先秦有铭青铜器近12000件。据1985年版《金文编》统计，先秦金文单字有3772个，已识字2420个，未识字1352个。商代金文的书体为"画中肥而首尾出锋"的波磔体，有些字体结构尚未脱离图形文字的形态。邲其三卣铭文记述了帝辛时期的赏赐、祭祀等内容，它们是商代金文最长的几件青铜器。

此期有铭青铜器的多数铭文还都极为简短，有的仅有一个象形性很强的字，有的由几个象形的字构成一个短语。这类铭文虽少有文例比附，但多数可以在甲骨文方国名、地名、人名中找到同形字，其中被学者释读的则多是文献中的古国名或家族名。字数较多的族名，一般是可以分出方国、家族、私名等几个层次的。此外，也有一小部分这类铭文是表示该铜器的方位、功能，或是八卦符号等，并不属于上述内容范围。族名金文最早出现在商代前期，多数属商代后期到西周早期，西周中晚期至春秋时期仍有少数残存。它从一个侧面反映了当时社会组织结构的真实状况。（图1-40）

礼在东方

中国青铜器

2

藏礼于器
——西周青铜文化

▌导言

商朝的统治最终在社会矛盾浪潮的冲击下崩溃，被在西方兴起的周朝所取代。公元前11世纪中叶， 周武王率领周族军队，并联合了庸、蜀、羌等8个四方小国， 发动了灭商的征伐战争。周联军先渡过了孟津，在殷郊外牧野布阵，与商纣王率领的大军决战。商军虽然人数占优，但人心涣散，抵挡不住周联军的进攻，很多人阵前倒戈了，转过身去攻击商军。部分军队的阵前起义，使商纣王的军队溃败，血流成河。商纣王自杀后，被周武王用象征刑法和权力的青铜钺枭首示众，青铜九鼎也被周军移往周都，至此商王朝灭亡。中国历史上第三个奴隶制王朝——周朝建立。自公元前1045年周武王建国至公元前771年周平王东迁这一段时期，史称西周。

西周建国以后，为了巩固新生的政权，采取了有效的政治和军事措施。首先大规模地分封同姓及异姓诸侯；另外，针对商人旧部的反叛和东方诸国的侵扰，发兵东征，彻底平定了三监及武庚之乱，同时消灭了殷、东、徐、熊、盈、攸、奄、九夷、丰、蒲姑、淮夷等参加叛乱的50多个小国。为了彻底消除商朝残余势力对周朝的威胁，周公还营建了东都洛邑

45

（成周）。同时封投降周朝的商朝贵族微子启于宋（今河南省商丘市），建立宋国；封周武王少弟康叔于朝歌，建立卫国；封周公长子伯禽于奄国旧地，建立鲁国，分治商朝遗民。东征使周朝的影响达到东海之滨，建立了比商代版图更大的国家。

图2-1　西周早期青铜簋

图2-2　西周中期青铜鬲

西周还特别重视礼制建设。从金文记载的内容看，大概在穆王前后，一系列祭祀、军事、飨宴、相见等礼仪制度逐渐形成，并成为当时贵族等级制度的严格规范，即后世所谓的"周礼"。由于青铜器在西周诸礼仪中的标示作用，周人形成"藏礼于器"的制度。因而，此时组合有序的青铜器又被称为"礼器"。孔子曰："唯器与名，不可以假人。"青铜器被赋予"明贵贱、别等列"的作用，其占有状况已成为贵族身份和地位的象征。（图2-1）（图2-2）

此时，青铜器工艺的中心也随之转移到西周建都的陕西关中地区。青铜武器与车马器有了新的发展。

▍尊祖敬宗，钟鸣鼎食

西周时期青铜冶铸工艺技术的成就，体现了西周时期生产力发展和艺术发展的水平。它全面继承了殷商时期的冶铸工艺技术，在浑铸法、分铸法广泛应用的基础上，发明了活块模、活块范、一模多范和开槽下芯法制作铸型，以及采用铸铆和"自锁"结构连接器物附件的新工艺；另外，考古工作者还在洛阳西周早中期的铸铜作坊遗址中，发现有用块状土坯砌成的大型熔铜竖炉和陶质鼓风嘴，说明此时已采用皮制的橐进行鼓风。这些都提高了青铜冶铸的质量和数量，把中国青铜器艺术推向了一个新的发展阶段。

在青铜冶铸业进一步发展的同时，由于社会政治原因，西周的青铜礼器的种类发生了明显的改变，体现了"重食组合"的特点，出现了大量的食器，如鼎、簋、簠（fǔ）、盨（xǔ）等。周人在总结商朝的灭亡教训时，把原因主要归咎于商人过度酗酒，故建国之初就明令禁酒，造成青铜酒器的种类与数量大大减少，尤其是饮酒器爵、角、觚、觯、斝及盛酒器觥、尊、卣、方彝等大为减少，西周中期以后已经停止使用。

西周建立了一套严密的礼乐制度，人们衣、食、住、行的一切举动，几乎都必须按其规定才能进行。它实际是一套不成文的法则。这其中，用鼎制度占有核心位置。用鼎制度也称为列鼎制度，用以代表使用者的身份等级。列鼎是鼎的陈列形式，奴隶主贵族在祭祀、宴飨、丧葬等礼仪活动中，要将形制和纹饰相同，而尺寸大小依次递减或相同的成组的奇数的鼎展示使用，以表明身份。据《春秋·公羊传·桓公二年》注："礼祭，天子九鼎，诸侯七，卿大夫五，元士三也。" 西周时期各鼎所盛的肉食也有严格规定，《仪礼·聘礼》记载，九鼎的第一个鼎盛牛，称为太牢，第二鼎至第九鼎依次盛放羊、豕、鱼、腊（干肉）、肠胃、肤、鲜鱼和鲜腊。七鼎所盛则去掉了末尾的鲜鱼和鲜腊，也称太牢。五鼎，其第一鼎盛羊，称为少牢，第二鼎至第五鼎依次盛豕、鱼、腊、肠胃或肤。三鼎，前二鼎依次盛豕、鱼，称为"牲"，第三鼎盛放腊或羊。以上的列鼎称为正鼎，

图2-3 西周晚期的小克鼎，清光绪十六年（1890年）陕西扶风县法门寺任村出土，故宫博物院藏（李军朝/摄）

图2-4 西周长甶鼎，1954年陕西长安普渡村长甶墓出土，中国国家博物馆"古代中国陈列展"（孔兰平/摄）

由于正鼎所盛肉羹淡而无味，还增加了加馔之鼎——陪鼎，即羞鼎。鼎内专门盛放用菜调和牲肉并加芡的羹。

另外，除鼎以外，其他各种礼乐器也大都有其使用制度。其中，以鼎与簋的相配制度最为明确，因为这两种礼器，其一盛置牲肉，另一盛置黍稷，都是当时食物之主，自然就把这二者作为标志贵族等级的主要礼器。根据文献记载与考古发现，奇数的鼎还要用偶数的簋来配合使用。即九鼎用八簋相配，七鼎用六簋相配，五鼎用四簋相配，三鼎用二簋相配。

从考古发现来看西周用鼎制度，目前只有太牢七鼎、少牢五鼎、牲三鼎3类。西周时期的王陵尚未发现。清光绪十六年（1890年）陕西扶风县法门寺任村出土的有西周晚期列鼎一套7件，墓主克的官职为膳夫，地位约当周王之卿，正合七鼎之制。（图2-3）此外，陕西宝鸡茹家庄西周早期强伯墓及两夫人墓均出土5件列鼎及4件簋；陕西长安普渡村长甶墓出土西周穆王时期3件列牲鼎（图2-4）、2件簋，同出还有1件羞鼎。这些都是西周时期列鼎制度的实物遗存。

图2-5 西周末期至春秋初期（公元前8世纪）象首纹簠，
首都博物馆展品（孔兰平/摄）

图2-6 西周善叔盨，河南三门峡虢国墓出土，首都博物馆
"考古与发现展"（聂鸣/摄）

图2-7 西周晚期青铜匜，1977年湖北枣阳资山征集，湖北
省襄樊博物馆第二展厅（杨兴斌/摄）

西周王朝为了弥补酒器减少而出现的礼器品种的不足，创制了一些新器物。有簠（图2-5）、盨（图2-6）和匜（图2-7）。簠、盨与簋功能一致，都为盛放黍、稷、稻、梁的食器，簠为长方形，盨为椭圆形。簠使用时间长，沿用至战国，盨只流行于西周中晚期。青铜匜是西周中期才出现的新水器，主要流行于西周晚期至战国，它的特征是：前有浇水流，后有鋬，下四足、三足或圈足，也有无足的。盥洗时用来浇水，与盘配合使用。

钟乐在西周时期有了飞跃的发展，周人的祭祀、飨宴、大射、军旅诸礼中，都要用到青铜编钟。一套完善的钟乐制度，最终在西周时期告成。这是西周时期青铜冶铸技术与音乐达到一定水平的产物。青铜编钟按其

图2-8 西周周穆王时期长由编钟，1954年陕西长安普渡村长由墓
出土，中国国家博物馆"古代中国陈列展"（孔兰平/摄）

形制，主要分为镈、甬钟和纽钟3种。钟是悬挂起来、用木槌，也可用木
棒敲击或撞击的乐器，是中国古代金石之乐的主体。从形制上来说，钟顶
上有圆柱状甬的被称为甬钟，用来侧悬；钟顶有半环形纽的称为纽钟，用
来直悬；钟顶为扁平兽形纽、下端为平口的称为镈，亦为直悬。甬钟各部
分皆有专名。甬顶称为衡，甬中下部外弧有纽之处称为旋，纽称为干。钟
体顶部称为舞，上部谓之钲，下部谓之鼓。钲部的钟乳称为枚，枚端称为
景。钟乳之间的花纹带称为篆。钟的正中部位亦称为钲。鼓部下端两角称
为铣，中部称为于。鼓内部为调音而制出的凹槽称为隧。编钟大小相次、
成组悬挂使用；而单独悬挂使用的钟称为特钟。例如1954年在陕西长安普
渡村西周中期长由墓出土了3件一组的编钟，形制古朴端庄，是已知较早
较完备的一套编钟 (图2-8)；1960年陕西扶风县齐家村出土的西周晚期的柞
钟8件一组 (图2-9)。一般每个钟可以发出两个乐音，鼓部正中发一个音(正

51

图2-9 西周编钟，陕西扶风县齐家村出土，北京大
钟寺古钟博物馆藏〔李鹰/摄〕

鼓音)，侧(右)鼓部又发一个音(侧鼓音)，大多高于正鼓音二度，即其音程
关系以小三度居多。例如柞钟第三件，正鼓音为角，侧鼓音为徵。上海博
物馆收藏的周厉王时期晋侯稣编钟16件两组，分为两类器形：第一类为大
钟，纹饰浅而细，两铣较斜，有旋无干；第二类为中小型钟，纹饰深而
阔，两铣稍斜，有旋有干。其两组16件钟的铭文，合为全篇铭文，铭文是

刻凿的，西周青铜编钟铭文以利器刻凿，以此为首例。晋侯稣编钟展示了一条西周甬钟演变成形的典型轨迹，对于探讨西周青铜编钟的形制、音律与悬挂制度等有重要意义。钟出现以后，"钟鸣鼎食"成为青铜时代贵族生活的写照，演奏编钟数量的多少象征使用者的身份高低。

▌西周青铜礼器的形式魅力

　　我们可以把西周青铜器分为早、中、晚3个时期。早期指武、成、康、昭四王大约70年的时间；中期指穆、共、懿、孝、夷五王所在的近百年；晚期指厉王、共和、宣王、幽土在位的百余年时间。

　　西周早期青铜器总体上继承了商代后期凝重典雅的风格，同时在器类和造型设计上又有了新的增损和改进，形成了自己的特色。方座簋、四耳簋、曲壁方彝、刀形宽足爵以及钩戟等是新出现的形制。康昭时期，鼎的下腹向外倾垂，最大腹径不在鼎腹中部，而在下部。这种形式上的变化，也表现在同时期的尊、卣、簋等类器物上。卣盖左右两边出现直立的"犄角"，盘也在此时出现双耳。装饰方面，兽面纹、夔纹、不分尾鸟纹等动物纹饰仍占主导地位。此期仍应为青铜时代的鼎盛时期。（图2-10）（图2-11）

　　周朝的统治在武王、成王两代奠定了基础，康王时进一步得到巩固。昭王南征，遭到严重挫折，穆王力图扩大王朝影响的行动也未取得预期效果。此后西周中期的几个王，只能处于守成的局面，这种由盛而衰的变化，在青铜器上也有反映。穆王时期开始，青铜器纹饰渐趋简朴，带状花纹又流行起来。纹饰以大小分尾鸟纹、顾首夔纹、窃曲纹为主。早期常见的蝉纹、蚕纹、象纹等写实的动物纹样已经绝迹，复杂的饕餮纹变得浑朴简小，所刻位置由器物的主体退居到足部。此期出现簠、簋、匜、编钟等新器类。同时，许多器物的形制在原来的基础上有了许多改革。如鼎足的根部发达起来，兽足最为流行；鼎的腹部变得更浅，出现像师趛（yǐn）鬲那样的新式鬲鼎型。侈口垂腹双耳簋虽在流行，但多加盖。同时出现了像豆闭簋那样的弇口兽首衔环耳，低体宽腹。酒器的减少也是这时的突出特征。《尚书·酒诰》记载，周人鉴于商朝统治阶层酗酒亡国，对饮酒设立了种种限制，以纠正社会风气。西周的酒器的确比商代少，商代常见

图2-10　西周早期堇鼎，1974年北京房山县琉璃河出土，首都博物馆藏

55

图2-11 西周早期伯簋， 1974年北京房山县
琉璃河出土，首都博物馆藏

的爵、觚、尊、方彝等酒器在西周早期还出现较多，中期后竟一起走向消
失。此期铭文体波磔渐少，结构趋于疏散。

西周晚期，周朝内外交困，虽有宣王中兴，仍不能挽回颓势。此期青
铜器的造型和花纹设计，趋于定型化。鼎的典型式样是直耳圆底，足呈中
间细两头粗的马蹄形，最具代表性的是宣王时期的颂鼎。簋的形制几乎千
篇一律，弇口鼓腹，下承三附足，腹作瓦纹，只是簋盖稍有变化而已。鬲
多为平裆束颈，口沿平向外折，和足对应的腹壁各有一道扉棱。编钟出现
较普遍，兵器数量增多。戈的援部有的变短，前锋多呈等腰三角形。

　　青铜器花纹经历了西周中期剧烈的变形过程，到晚期流行的花纹以重环、瓦纹、环带纹为主，其次是弦纹、鳞纹、蟠龙纹和进一步简化和变形的窃曲纹。窃曲纹，大多由双线构成S形或C形图案，中间常有目形纹。环带纹，中间为波浪起伏的宽带，上下填以角形或口形纹。重环纹，由一端圆弧的长方形组成两重或三重的环形图案，大多左右排列成行。鳞纹，形似鱼鳞，大多上下重叠组成图案。

　　西周青铜器的珍贵价值，还突出表现在铭文上。西周是金文的最盛期，铭文在百字以上者屡见不鲜，有的可达近500字，多记载重大历史事件，如对淮夷和猃狁的战争，土地纠纷、法律诉讼和赏赐册命等，其内容多可与《诗经》《尚书》等古文献相比附，为研究西周历史提供了大量的第一手的珍贵资料。下面举例予以说明。

　　一、祭祀颂祖

　　记述周王举行的祭祀典礼。《左传·成公十二年》刘康公说："国之大事，在祀与戎。"可见祭祀在当时的国家生活中占有何等重要的位置。这里所说的祭祀不仅包括了因袭商人的祭辞部分，有的为了突出祭祀活动还详加叙述了典礼的全过程。例如现藏于中国国家博物馆的天亡簋，其铭文记述周武王灭商后在"天室"举行祭祀大典，祭告其父周文王，并取代商王的地位来祭祀天上神帝。作器者天亡襄助武王举行仪式，祭祀典礼之后，武王举行盛大的宴享，天亡受赏赐，铸造这件簋来铭记荣宠。

　　还有一些铭文的内容，重点歌颂祖先的功业，而铸铭于祖先所作的祭器上，以便子孙后世永远铭记，如墙盘 (图2-12) (图2-13)、宗周钟等都属于这一类。1976年于陕西扶风庄白村出土的西周共王时期的墙盘，内底铸有铭文284字，是铜盘铭文最长的一篇，铭文前段追述周初文、武、成、康、昭、穆各王的功业；后段记载微氏家族的发展史，为研究周初历史提供了可靠的根据。厉王时的宗周钟（现藏于台北"故宫博物院"）是单件钟中

图2-12 西周共王时期墙盘，1967年于陕西扶风庄白村出土，陕西省周原博物馆藏。通高16.8厘米，口径47.2厘米，深8.6厘米，重12.5千克（孙同超/摄）

史墙盘是西周微氏家族中一位名叫墙的人，为纪念其先祖而作的铜盘，因作器者墙为史官而得此名。

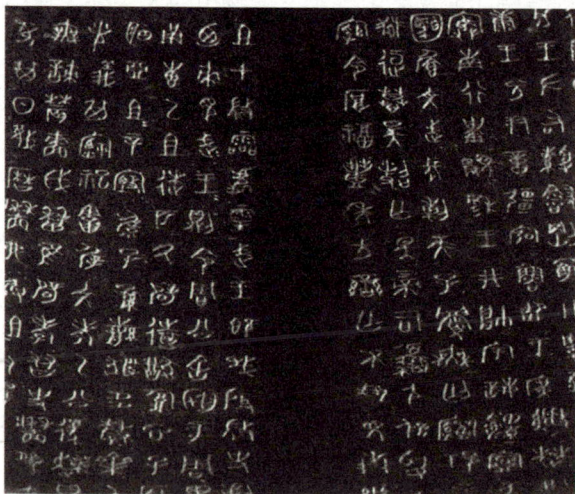

图2-13 西周墙盘内底部铭文

西周墙盘内底部刻有18行铭文，共284字，铭文前半部分颂扬西周文王至穆王的重要政绩，后半部分记述墙所属的微氏家族的家史。史墙盘为我们研究西周的历史、政治制度、社会经济等，提供了重要的史料。盘铭也是一篇很漂亮的书法作品，其文体爱用简明整齐的四字句式，这是已知时代最早的带有较明显骈文风格的铭文作品。

铭文最长的，共123字，记录了厉王亲征南国，令南夷、东夷凡二十六邦来朝臣服之战功，并以祀上帝百神与祖考先王，祈求降福长寿，永保天下。

二、征伐平叛

征伐和祭祀同样是国家中的大事，所以涉及这方面的铜器铭文相当

图2-14 西周武王时期利簋，高32厘米，1976年于陕西临潼县出土，中国国家博物馆藏（鸥戈/摄）

簋，主要用于放置煮熟的饭食，多用作礼器。利簋腹内底部铸铭文4行32字，铭文记载了武王伐商的史实。这是目前发现时代最早的西周青铜器，也是西周初年金文中叙述武王伐商的唯一珍贵史料。

多。例如1976年出土于陕西临潼县的利簋（图2-14）铭文记录了牧野之战的线索。铭文中，讲到牧野之战当天，周武王大破商军，8天之后，周武王在军队的驻扎地，赏赐铜料给在战斗中英勇无畏的将士，其中的一份铜料发给了当时的有司（当时的官职）——利。利得到赏赐觉得非常荣耀，于是，将周武王赏赐给他的铜料铸造了一件铜簋，作为永世纪念的宝器。由于这件青铜簋是利所铸造，所以人们就称它为利簋，同时，利簋也见证着武王征商伐纣的重大历史事件，所以它也被称作"武王征商簋"。

又如，清代道光年间陕西宝鸡出土的虢季子白盘（图2-15），为传世体积最大的西周时代青铜器，长132.2厘米，宽82.7厘米，高41.3厘米。内底铸有长篇铭文111字，文辞优雅，韵调齐整。记载虢季子白奉王命征伐西北狁

图2-15 西周虢季子白盘，西周宣王十二年（公元前816年），清道光年间陕西宝鸡虢川司出土。2009年4月19日，中国国家博物馆"典藏精品（海南）展"展品，海南省博物馆藏（杨兴斌/摄）

狁族（猃狁为匈奴的前身）后在周庙受赏的情况。

三、分封诸侯

如1932年河南浚县辛村出土的西周成王时期的沫司徒簋，其上铭文记载的内容与《史记·卫康叔世家》相合，证实了周成王时，因商纣之子武庚起兵反周，周公再次征伐商邑，杀武庚。为了巩固统治，将康叔分封到黄河与淇水之间的商人故地为卫侯，管理商遗民。

又如1986年北京房山区琉璃河西周初期大墓出土的克盉与克罍(图2-16)。

图2-16　西周早期克罍，1986年北京房山区琉璃河乡黄土坡村出土

两器均铸有铭文43字，内容相同，记载了周王"令克侯于燕"。经研究，克是太保召公的长子，是第一代燕侯。铭文印证了《史记·燕召公世家》中"周武王之灭纣，封召公于北燕"的史实。

再如1954年江苏丹徒烟墩山出土的西周康王时期的宜侯夨（cè）簋，腹内底铸有铭文120余字，记载了康王将虞侯夨改封于宜，赐给土地及人民，并提供了周初分封时"授民授疆土"的具体资料，可与《诗经·鲁颂·閟宫》中的"乃命鲁公，俾侯于东，锡之山川，土田附庸"相互参证。

四、册命训诰

册命是西周的一项重要礼仪制度，起源于周初武、成、康3次对诸侯大臣的封赏。册命文可归纳为：时间、地点、傧相及受命者、册命、赏赐、答谢、作器、祝愿词等所谓常见的格式，其实这种格式只适用于一般官吏，对于重要的官职还应包括训诰、告庙、授民授疆土（或较贵重的赏赐物）等极为重要的内容。

记述周王对臣下的册命典礼的西周青铜器铭文数量较多，例如中国国家博物馆收藏的西周晚期的颂壶（图2-17），其铭文共151字，记录了颂接受周王册命掌管成周仓库这一职务的过程。而这件壶则是典礼完成后，颂为颂扬天子的美意，及荣耀先父母龚叔、龚姒，表达未尽的孝思，并祈求家国康乐大福、周王万年长命而作。铭文为研究西周的礼制及官制提供了重要资料。

1963年陕西宝鸡贾村出土的西周成王时期的何尊，腹内底铸有铭文122字。内容记述了周成王在成周京室一次祭典上对周王宗室子弟的训诰，以及成王继承武王遗志，营建了成周的史实。所记与《逸周书·度邑篇》等古代文献记载相合，对西周历史的研究也具有重大意义。

记载周王训诰臣下的铭文，还有现藏于台北"故宫博物院"的西周宣王时期的毛公鼎（图2-18）。器内铸有铭文499字，这是中国古代青铜器铭文中

图2-17 西周晚期颂壶，中国国家博物馆"古代中国陈列展"（孔兰平/摄）

　　此器颈内壁铸铭文较详细地记录了周王册命颂之事，其册命仪式的完整
过程可与《周礼》《左传》等典籍中的有关记载相互印证。

图2-10 西周毛公鼎，清道光末年在陕西省岐山县出土，现存于台北"故宫博物院"（孙同超/摄）

最长者。其内容记周宣王即位之初，思虑振兴朝政，乃请叔父毛公为其治理国家内外的大小政务，在册命毛公时，对毛公的训诰。其中谈到当时西周社会已是四方动荡，为了挽救周王室的危机，要求毛公率领下属官员，勤劳政事，不要沉湎于酒，不要侮辱鳏寡，而要努力辅弼王位。最后颁赠命服厚赐，毛公因而铸鼎传示子孙。

五、要盟约剂

记录贵族间发生的土地、人事等纠纷，经王室派员调解裁断、订立盟誓的经过，以传示子孙后代。

如清代陕西出土的西周中期的留鼎的铭文记载了西周人口买卖情况，铭文大意为：最初议定5个人的价值为一匹马加一束丝，但最后以一百锊铜的金属称量货币成交。一锊铜约为6两，百锊约为60斤。即一个奴隶的价格为20锊，约为12斤铜。说明在西周时期奴隶远不如牛马值钱，奴隶的地位比牛马还要低下。铭文为我们提供了迄今为止唯一的资料。

又如1975年陕西岐山董家村出土的西周共王三年的卫盉（图2-19），盖内铸有铭文132字，详细记录了贵族间的土地交易。讲述的是裘卫用价值贝

图2-19 西周共王三年（公元前920年）卫盉，陕西省宝鸡市青铜器博物馆藏（郝婷/摄）

币百朋的玉器和皮毛换取矩伯的13块田地。铭文又提到，这件事还要报告伯邑父等执政大臣同意，伯邑父等执政大臣还要派官员司徒、司马、司工来参加田地交割。这说明西周初期的"田里不鬻"的土地国有制，到了西周中期已经开始变化。

再如1975年陕西岐山董家村出土的西周中晚期的倗（yìng）匜。器上的铭文与盖上的铭文相连组成一篇完整的铭文，共计157字。铭文内容是记录一篇法律判决书。倗的下属牧牛因为与上司倗争夺五夫败诉，最初被判墨刑及鞭千，后来被赦免了500鞭，其余500鞭及墨刑改用铜300锾来赎，并立誓今后不敢再扰乱倗。倗胜诉后，将此判决书铸在这件青铜礼器之上。这为研究西周时期的法律提供了具体的资料。

六、铭功纪赏

记述自己对王室（或某大贵族）在祭祀、战争、外交、政务等方面所作出的贡献，因而受到嘉奖、赏赐和册命的荣宠。

如1969年陕西蓝田出土的西周中期的永盂。其上铭文记载，益公传达共王

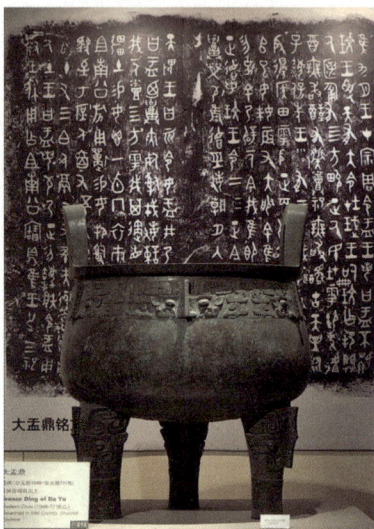

图2-20 西周大盂鼎、铭文及其腿部装饰，陕西眉县出土，中国国家博物馆藏（聂鸣/摄）

的命令，赏赐给官员永两处田地：阴阳洛及原来属于师俗父的田地。根据铭文，当时师俗父也在场。永盂铭文说明周王有权将田地改赐，因而具有重要价值。

又如清朝道光初年陕西眉县礼村出土的现藏于中国历史博物馆的西周康王时期的大盂鼎 (图2-20)。腹内壁铸有铭文291字，记载了周康王二十三年一次共赏赐给贵族盂官员17人及1709名民众，总计1726人，其数量之多是惊人的。

七、商贾贸易

如1981年陕西岐山流龙嘴村出土的西周共王时期的鲁方彝盖 (图2-21)，内有50字的铭文，铭文不太长但对认识西周社会经济有重要意义。铭文内

图2-21 西周晚期鲁方彝盖，陕西岐山县流龙嘴村出土，陕西省博物馆藏（张奋泉/摄）

容简单地说就是一位商人齐生鲁做生意赚了钱，还与诸侯做了朋友，故做了一件彝纪念。它证明了《史记·齐世家》关于齐国自太公以来就重视商业的记载。

此外，西周金文中还有"初吉""既生霸""既望""既死霸"等记时词语，王国维作《生霸死霸考》，认为西周金文记时，是由上述4个月相词语四分一月的。这类记时词语，商代和春秋以后的古文字资料中都没有，它反映出西周人在制定历法时的改革与创新。

▎ 金戈铁马——青铜武器与青铜车马器的改进

西周时期非常重视青铜武器的创新和改良。西周人发明了十字形戟，戟将戈与矛合铸为一体，同时具有矛的刺杀与戈的钩杀的作用。如河南浚县辛村西周卫侯墓出土的戟，呈十字形，前有直援，援末有一个圆穿，直内，上部为直刺，下部为长胡二穿。直内上一面铸有铭文"侯"字。在北京房山琉璃河西周初期燕侯墓出土的十字形戟，上部为刀形刺，而且前锋后卷，可称钩戟。内上也铸有铭文"燕侯舞戈"。这证明了西周时期武器不仅是作战用的工具，还反映着等级礼仪制度，是贵族权力的象征。

戈是西周军队的最基本的进攻性武器，其形式较商代有了发展，主要是在援的后端下部添加了胡，胡上都有用以穿绳缚柲用的孔，称为穿，常见的有短胡一穿戈和中胡二穿戈等。胡和穿的应用，使戈能更牢固地捆缚于木柲之上，战斗力更加提高。

剑，是近身格斗的短兵器。商末西周初已经出现，不但有出土的实物，而且也有史料的记载。《逸周书·克殷解》有这样的记载，牧野之战后，周武王进入朝歌，到达纣王的宫殿"三发而后下车，而击之以轻吕，斩之以黄钺，折县(悬)诸太白"。 文中的轻吕，司马迁认为是剑。这说明司马迁认为西周初期是有剑的。（图2-22）北京昌平出土的西周早期直柄直刃兽首形剑，无格，茎端为蘑菇状，带有草原文化特色；陕西宝鸡竹园沟出土的西周早期柳叶扁茎形剑，扁茎，无格，有中脊，剑身为柳叶形；甘肃

图2-22 西周早期青铜剑与剑鞘，北京房山区琉璃河出土，首都博物馆展品（孔兰平/摄）

灵台白草坡出土有西周早期的长三角扁茎形剑。这些青铜剑都不长，20厘米左右，不能作为进攻性兵器来使用，但剑在西周时期出现是有其应用环境的。西周时期戈为主要的作战武器，虽功能多样，但有很大弱点——戈头与人体之间有较大的空当，易为敌方所乘，剑的出现可能是为弥补这一

缺点。在敌方突破戈头的杀伤距离后，以剑与敌搏斗。西周以后的许多墓葬中都出土有剑与戈，可能就是剑与戈这一组合形式的延伸。西周晚期青铜剑的形制有了变化，剑身变长，山东沂源县姑子坪1号西周晚期墓葬中出土一件青铜剑，圆首，扁茎，无格，剑体中心起脊，通长达35.6厘米。

西周时期出现了一种新型砸击武器——殳（shū）。铜殳出土数量较少，最早的铜殳是西周时期的。宝鸡竹园沟西周早期墓葬BZM13出土一件铜殳，直径12厘米，銎径5.6厘米，殳体有3个凸刺。西周时期的都属于球体多刺类，除宝鸡竹园沟出土的三刺铜殳外，还有陕西扶风县白村出土的五刺铜殳，高5.8厘米，銎径2.2厘米，年代为西周中期。根据这两件西周铜殳的形状，可以大致勾勒出铜殳的早期发展趋势，从少刺到多刺，从仅有大刺，到大小刺皆有，从钝刺到锐刺，其杀伤效能在不断提高。

西周马车与车战装备同晚商马车与兵器装备对比，有了很大的发展。（图2-23）第一是在木车的细部结构上有许多改进。晚商车轮的轮毂都是木质

图2-23 西周早期青铜车马器件，北京房山区琉璃河遗址出土，首都博物馆藏（聂鸣/摄）

71

的，到西周时则在车毂上附加铜饰。安装在车轮两侧轴上的青铜毂饰，除美观外，主要是起加固作用，比晚商车只用木毂牢固得多。（图2-24）轴头所装铜軎，晚商多为长形，西周时虽也用长形，但开始出现短形軎，以后用铜辖的短形軎日益流行，轴头缩短，使木车行驶时更为灵便。同时由轴饰固定在轴上的伏兔，可以抵住轮毂，防止其内移，还可以缩小辕、轴相交

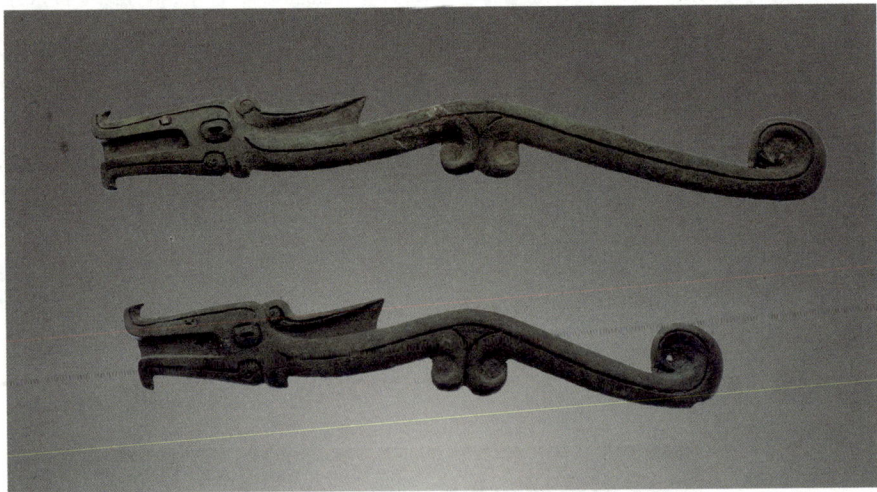

图2-24 西周车马器零件，河南洛阳博物馆藏（聂鸣/摄）

处和辕与前后轸相交处挖槽的深度，从而增强辕、轴杆件的强度。（图2-25）銮铃，下部是一个梯形座，上部是一个扁圆形的铃，装在车子前面的木衡上或车轭的上方。其作用正如《韩诗内传》所记："銮在衡，升车则马动，马动则銮鸣。"

第二在马具方面。饰在马口角的两颊上的铜马镳，晚商时形制为方形，西周改成更简易实用的圆涡形。铜马衔日益普遍，仍为两个扁平"8"

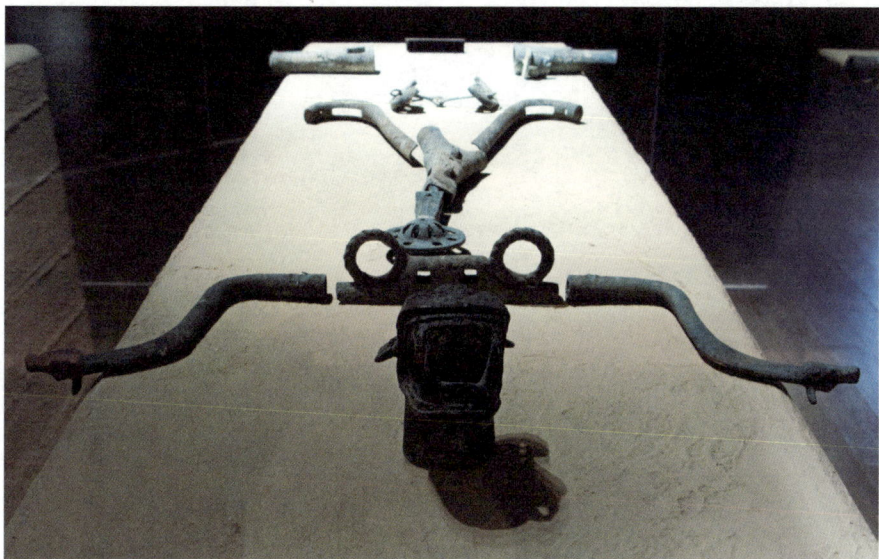

图2-25 青铜车马器，北京房山区琉璃河西周燕都
遗址博物馆藏（聂鸣/摄）

字形椭圆环互相套合而成。与衔、镳结合在一起的马络头也更加完善，有
时还有配有贝饰或铜饰的笼嘴。

  第三是马车与车战用兵器组合逐渐形成，由长柄的戟、矛和短柄的戈
相配合，初步形成适于错毂格斗的车战兵器组合。铜胄和铜甲的使用，增
强了防护用具的功能。驷马战车的出现和车战兵器组合的初步形成，使得
战车兵在西周时期得以占据军队主力兵种的位置，逐渐步入中国古代车战
的高峰期。

等级森严的西周墓葬制度

　　现今发掘的西周墓葬总数已近2000座，主要分布在陕西省西安、扶风、岐山、宝鸡，河南省洛阳、浚县，北京市昌平、房山，以及长江下游地区。这些墓葬集中反映了西周时期不同地区、不同年代、不同等级在埋葬制度上的特点。

　　西周都邑丰京遗址内尚未发现王陵和宗室墓葬，诸侯一级的大墓已发现的有河南浚县辛村卫侯及夫人墓、北京房山琉璃河燕侯墓以及山西曲沃北赵晋侯墓。大型墓在东、西两边，中小型墓在中间，排列有序，可见西周时期诸侯的墓地仍是聚族而葬，据《周礼·春官·冢人》记载，这种墓地称为"公墓"。

　　1932年至1933年，中央研究院和河南古迹研究会，曾在浚县辛村作过4次考察与发掘，共发掘西周墓葬80余座，出土了随葬的青铜器有鼎、簋、尊、卣、爵、盉、方彝等礼器；戈、矛、戟、钩戟、镞等武器，以及斧、凿、削等生产工具和辖、辔、轴、轭、衡、镳、当卢等车马器。还有陶器、原始瓷器、玉器、骨角器、蚌饰、贝和木器等。墓地的一座大型车马坑，共埋12辆车、72匹马及8只犬。辛村大墓曾被盗，随葬的青铜礼器多有遗失。但在2号墓中发现有"侯"字戟，8号墓中也有"白(伯)矢"戟出土。特别是在出土的钏器上还铸有"卫侯"的铭文，充分证明了辛村墓地不仅是卫国的墓地，而且这些大墓还应是卫侯或其夫人墓。

　　西周燕侯墓（图2-26）在现在的琉璃河东面，它的西北就是燕国的都城。这里发掘过很多大墓。1986年发掘出一座西周时期最大的墓。它的四角开设墓道，这在其他地方没有发现过。这个墓曾经被偷盗过，出土的随

图2-26 西周早期克盉，1986年北京房山区琉璃河1193墓出土，首都博物馆藏

75

图2-27　西周晋侯青铜夔马壶，山西曲沃北赵村出土，首都博物馆"考古与发现展"（聂鸣/摄）

葬品比较少。重要的有漆盾和带铭文的铜鼎。铭文明确记载了西周初年周王册封燕侯授民授土，把9个族一起划归燕王管理的史实。墓地出土的另一件铜鼎记载了董奉燕侯之命前往宗周向太保公贡献食物并受到赏赐，这就和史料所记载的召公长子封于燕，而本人仍在宗周辅弼王室的史实相印证。

　　山西曲沃晋侯墓地是一处西周晋国王侯贵族墓地，其埋葬时代几乎贯穿整个西周时期。车马坑位于每组墓葬的东面，其中8号墓葬陪祀车马坑东西长21米，南北宽15米，有殉马百余匹，为全国至今所发现的西周时期最大的车马坑。这些车马坑的修建，比秦始皇陵兵马俑还要早600年。西周晋侯墓地19座墓葬有11座保存完好，8座被盗。晋侯墓地出土文物十分丰富，总数达万件以上，有大量华丽精美的玉器、青铜礼器。出土的青铜器种类齐全，从其数量和组合看，一改商代重酒之风，呈现重食、重乐的特点。91号墓，出土青铜列鼎7件、簋5件，与古代文献记载的诸侯一级的用鼎制度相符。发掘者根据墓中出土的一件残青铜器底上的27字铭文认为该墓为晋厉侯之子——晋靖侯喜父之墓。8号墓葬出土的晋侯苏钟，刻铭文355字，完整记载了一段周厉王时期由晋侯苏参与的一次军事事件，弥足珍贵。（图2-27）（图2-28）

图2-28 西周晋侯鸟尊，高39厘米、长30.5厘米，山西曲沃晋侯墓地出土，山西博物院藏（黄旭/摄）

　　西周丰镐遗址张家坡附近的井叔墓地，以周王重臣井叔的中字形大墓为中心，其他较小的墓在旁边，排列有序，主次分明，是考察西周卿大夫墓葬的典型资料。说明西周时期卿大夫也是实行族葬制。其中一座井叔墓，由方木垒成，椁顶上亦置有青铜车马器。椁室内置重棺。墓已被盗，随葬品大部分已不存在，残存有石磬等。井叔墓东边其夫人墓虽亦被盗，但残存井叔采钟2件及牺尊、尊、爵及卣盖等青铜礼器。

　　1974年至1975年宝鸡市博物馆发掘了位于陕西省宝鸡市茹家庄的1号墓与2号墓，墓主分别为强伯和井姬，年代约在昭、穆之际。墓中出土青铜礼器、兵器、工具、车马器、玉石装饰品、陶器、原始瓷器等共1500余件。强伯随葬的青铜礼器有鼎（图2-29）、甗、鬲、尊、卣、爵、觯、盘及鸟形尊等30多件（图2-30），其中8件有"强伯自作用器"之类的铭文。此外，还有编

图2-30 西周早期强伯四耳方座簋，1981年宝鸡
纸坊头出土，陕西省宝鸡市青铜器博物院藏（孙
同超/摄）

钟3枚（图2-31）。井姬随葬的青铜礼器有鼎、鬲及羊尊等10余件（图2-32），多数有"弓虽伯作井姬用器"的铭文。由此可以确认两墓的主人以及他们之间的关系。

　　1954年在陕西长安普渡村发掘的长由墓，属西周中期。随葬的青铜礼器有鼎4件、簋2件以及鬲、甗、爵、觚、卣、罍、壶、盉、盘等各一件，

图2-31　西周中期编钟（共3件），1974年宝鸡茹家庄1号墓出土，陕西省宝鸡市青铜器博物院藏（孙同超/摄）

还有编钟一组3件。4件青铜鼎中一件形制不同，形体也较大，应该是煮肉用的镬鼎；其余3件形制相近，是盛肉用的列鼎。由此推断墓主人的身份可能是士一级的贵族。

　　1973年在陕西岐山贺家村发掘的一座西周中期墓中，出土有青铜鼎和簋各一件，以及青铜武器戈、矛及车马器镳、衔等；该墓也没有发现车马

坑，这显然是最下层士的墓葬。

　　通过以上各墓的规模和丧葬形式，可以说明西周时期的贵族墓葬已具有了鲜明的等级制度，它不仅与用鼎制度相配合，而且诸侯、卿大夫的墓葬还随葬青铜乐器并附有车马坑，而士一级墓葬一般不随葬青铜乐器，也没有车马坑。这是周礼在丧葬中的具体体现。

图2-32　井姬盂锥，西周（公元前1046年—前771年），1974年宝鸡茹家庄出土，陕西省宝鸡市青铜器博物院藏（孙同超/摄）

礼在东方
中国青铜器

3

百花齐放
——春秋青铜艺术

▌导言

公元前771年，申侯、吕侯、曾侯由于不满周幽王废去王后申氏和太子宜臼，勾结北方的犬戎部进攻镐京。幽王对内实行暴政，又因"烽火戏诸侯"而失信于天下，危难之时无人相救，很快被犬戎军队擒杀于骊山之下。申侯等拥立太子宜臼继位，是为周平王。由于镐京被毁，公元前770年，平王决定迁都城于洛邑（今河南洛阳）。西周灭亡，幽王也就成为了西周的最后一个王。从此至公元前221年秦始皇统一中国前，史称东周。东周又分为春秋和战国两个时期，春秋从公元前770年至前476年，因鲁国编年史《春秋》得名。战国时期则从公元前475年到前221年。

东周一开始，周王朝就开始走下坡路，王室衰微，大权旁落，诸侯国之间互相征伐，战争频繁。小的诸侯国纷纷被吞并，强大的诸侯国在局部地区实现了割据。在春秋中期，出现了一个相对和平的时期，原因是各国都被战争搞得十分疲惫，需要休整，于是在公元前546年由14国参加的第二次"弭兵之会"上达成协议，战火暂时得以平息。可是，这期间在长江流域，吴、楚、越三国之间却多次爆发战争。春秋时代的中后期，随着牛耕

图3-1 春秋兽形匜

的普及和铁制农具的应用，经济迅速发展，出现了私田的开发和井田制的瓦解这一重大的社会变化。在一些诸侯国的内部，贵族势力强大起来，开始向国君争夺权力。公元前453年晋国的韩、赵、魏三家将晋国进行了瓜分，自己分别建立了国家，就是著名的"三家分晋"。于是，七雄并立，互相争霸的时代逐步到来。

春秋时期中国古代社会从奴隶制开始向封建制过渡，社会处于大动荡、大变革的时代，周王室衰微，各诸侯国兴起，齐桓公、宋襄公、晋文公、楚庄王、秦穆公等相继称霸。此时，铁器开始逐步应用，随着各诸侯国地方经济的发展，各地方的青铜文化有了突飞猛进的发展，逐步形成了各具风格的地方性的青铜文化。到了春秋晚期和战国初期，中国古代青铜文化的发展出现了第二次高峰，青铜工艺灿烂辉煌，分铸法有了高度发展，失蜡法出现，镶嵌金银及红铜等工艺也有所提高。媵（yìng）器即随嫁礼器铭文有了较大发展，反映现实生活的宴乐、狩猎及水陆攻战纹出现。并且列国城市，尤其是各大诸侯国的都城都有所扩展。（图3-1）

另外，在春秋时期还出现了一批著名思想家和军事家，如儒学的创始人、中国古代伟大的思想家和教育家孔子，同时还有道家的创始人老子，墨家学派创立者墨子，军事家孙武等，他们都是中国青铜时代在精神文化方面有杰出成就的人。

青铜礼器的特殊意义是中国青铜文化有别于其他民族青铜文化的突出特征。"以礼治国"是中国古代政治所独创的统治艺术，孔子所推崇和宣扬的以"周礼"为代表的礼仪体系，渗透到政治、经济、军事、文化等社会生活的各个方面，影响了其后数千年的中华文明史。

▍铜铁并用的时代

据现有资料看，早在公元前14世纪的商代前期，中国先民已经认识和使用了铁。1972年，在河北藁城台西村出土了一件商代前期铁刃铜钺，铁刃是用陨铁经加热锻打成形后和青铜钺体合铸的；1977年，北京平谷刘家河一座商代中期墓葬，又出土了一件铁刃铜钺，与藁城出土的相似；新中国成立前，河南浚县也曾出土过商到西周初期的一件铁刃铜钺和一件铁援铜戈，均是以陨铁为原料锻制而成的。这些发现，说明商代用铁已非孤例；其次虽然几件商代前期至西周初期的铁刃器，都为陨铁锻制而非人工冶炼的铁器，但它们是经过加热锻造的，铁已被锻成了薄薄的刃口。藁城铁刃铜钺的铁刃，铸在青铜内最薄的部分，厚度只有2毫米。这就表明，到商代早期就对铁有了一定的认识，而且已经掌握了一定水平的锻造技术。至今尚未有西周铁器的新发现，但可喜的是已经有春秋早期铁器出土。如1990年河南三门峡上村岭虢国墓地出土的玉柄铜芯铁剑 (图3-2)，经北京科技大学中国冶金史研究室检测鉴定，该剑是人工冶铁制品，系用块炼法锻制而成。又如1978年在甘肃灵台景家庄春秋初期墓葬中出土的铜柄铁剑，亦为块炼法制成。块炼法是将铁矿石在约1000℃的较低的温度下，在固体状态下，用木炭进行还原而得到铁的方法，需要再经锻打除去杂质才能制作器物。而春秋晚期或春秋战国之际的铁器，其数量较多，种类包括了生产工具、生活用具和兵器。并且，科学鉴定证明这些铁器有锻件，也有铸件，铁的冶炼和加工技术已经达到了较高水平。实际上，在春秋后期，我国工匠已经熟练地掌握了用块炼法冶炼熟铁，制造铁器。但是，毕竟用块

图3-2 河南三门峡上村岭虢国墓出土的玉柄铁剑

炼法得到的块铁，几乎不含碳，质地疏松，必须通过锻造来提高性能和制成所需要的器物。用这种方法冶炼与加工，十分费时费工，产品的质量和数量很低，从而使用铁也就受到很大的局限。铁要为人类服务，必须突破这种局限。我国古代早就发展起来的高炉炼铜技术，为古代高炉冶炼生铁技术的发明，提供了直接基础，这使得我国古代人工冶铁很快地从块炼法跃进到高温液体还原法，从冶炼块铁跃进到冶炼出可以直接用于铸造的生

铁。春秋晚期生铁的发现证明，这个飞跃至迟到春秋晚期以前就已发生。我国古代冶铁技术的这些飞跃，大大提高了劳动生产率和铁器质量，并且给各种手工业，包括青铜冶铸业提供了坚韧的工具，促使各种手工业，包括青铜冶铸业有了新的飞跃。我国古代劳动人民的这一伟大创造发明，要比欧洲早约2000年。

▍时代风气的嬗变

　　周平王东迁，西周终结。政治上出现王室衰弱、诸侯力政的局面。国家由统一而分裂，从春秋时期诸侯称霸发展到战国时期列国分立的局面。社会的变革，也影响到青铜铸造业，进入东周，周王室和王臣器明显减少，而列国器增多，不仅大的诸侯国如齐、楚、秦、晋等国铸器，而且小诸侯国陈、蔡等国也铸器。这使得青铜器地域性特征突现，形成了多种风格争奇斗艳的局面。

　　春秋早期青铜器的形制、花纹和铭文大部分是西周晚期的延续。青铜器的明显变化，起于春秋中期。

　　春秋时期敦 (图3-3)、缶、鉴、带盖豆相继出现。鼎分为有盖和无盖两种，无盖鼎都作浅腹，鼎耳立于口沿之上，或附于口沿之下，鼎腿都比较瘦长，鼎足全作马蹄形。簋的形制出现了盖冠作莲瓣形的方座簋。有的匜做成封口式，还有的注水匜平底无足。乐器除编钟外，还出现了编镈。吴、越等国在祭祀或宴飨时使用乐器句铫（gōu diào）。此期兵器空前地增加，远射矢镞出现锥体三棱形，三侧刃前聚成锋，穿透力极强。戈仍以

图3-3 菱形乳钉纹
敦，春秋时期，北
京延庆县龙庆峡别
墅工地出土，首都
博物馆藏

圭锋、中胡二至三穿为主。车战用戈，柲有加长到3米以上者。戟盛行矛、
戈分铸联柲的形式。剑身修长，中脊、两侧刃、前聚成锋，有的剑身还有
错金篆铭，成为重要的近战兵器。吴越工匠制作的兵器尤以精良著称，当
时名闻天下。

　　在装饰方面，这时代表一种新的趣味、观念、标准和理想的青铜艺术
在勃兴。构图细密、成网状布局的蟠螭纹和蟠虺（huǐ）纹的产生，则是新
潮流的一种标志。（图3-4）螭，一些古籍中说它属龙。所谓蟠螭纹，指以两
条或更多小螭龙相对纠结。虺，《国语·吴语》说"为虺弗摧，为蛇将若
何"。青铜器上的蟠虺纹，则是许多小蛇状的动物相互缠绕。它们都是作
为花纹单位重复出现的一类纹饰。蟠螭纹和蟠虺纹是由神话动物构成的，
但它仅是图案，一种供人欣赏的装饰，不再有神秘的意味。

　　错金银工艺在青铜器上的使用，始于春秋中期。贵族们流行用金银来镶嵌青铜器物，此种装饰工艺通称为"金银错"，又称"错金银"。错金银工艺包括镶嵌和错两种技术，镶是把东西嵌进去或是在外围加边，嵌是把东西镶在空隙里，错即用厝（错）石加以磨错使之光平，其工艺可谓精密细致。其制作工艺是，先在青铜器表面预铸出浅凹凸的纹饰或字形，再用硬度较大的工具錾刻浅槽，然后在浅槽内嵌入细薄的金银丝、片，用厝石磨错，使嵌入的金银丝、片与铜器表面相平滑。最后在器表用木炭加清水进一步打磨，使器表更加光艳。被"错金银"工艺装饰过的器物的表面，金银与青铜的不同光泽相映相托，将其图案与铭文衬托得格外华美典雅。

图3-4 蟠螭纹，春秋时期（贺新锋/摄）

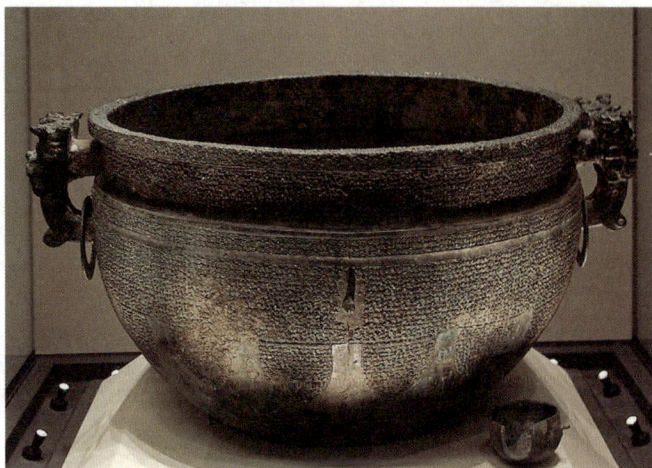

图3-5 春秋吴 "吴王光" 青铜鉴，1955年安徽寿县蔡侯墓出土，中国国家博物馆 "古代中国陈列展" （孔兰平/摄）

此器是吴王光为其女叔姬所作的陪嫁品，反映了吴、蔡两国为政治需要而联姻的史实。

　　此时，青铜器铭文多作在显著部位，除书史性质外，也注重了装饰。文体多用韵文，书体呈各种风格，晋、卫、虢（guó）、郑端庄秀劲，秦铭规整，吴越铭文修长，并加以禽鸟形的饰笔，极富艺术色彩。铭文的内容也发生了很大的变化，长篇铭文大为减少，有关媵女陪嫁的铭文增多。青铜陪嫁品，也叫青铜媵器，在春秋时期的诸侯国中特别流行。当时诸侯们和大夫们为了维护彼此的政治地位和利益，或者小国求助于大国的保护，往往通过联姻，来加强他们之间的关系，组成一定的政治集团，故媵器大量出现。（图3-5）媵辞格式简单，一般有时间、某人为某人作媵器及祝愿辞三部分，如陈侯鼎铭文："唯正月初吉丁亥，陈侯作□妫四母媵鼎，其永寿用之。"大意是说：陈侯为其女□妫四母做陪嫁的鼎，祈望她长寿用之。

　　春秋时期，已知的最大的采铜和冶铜基地，是今天的湖北大冶的铜绿山铜矿遗址地。1973年在这里发掘出的有孔雀石、赤铜矿、自然铜。古代工匠为掘取铜矿石开凿了竖井、平巷与盲井，冶铜炉日产铜超过300千克。

巨大的产量代表了春秋时期的冶铜技术的高水平。

在工艺上，由于分铸法的广泛应用和失蜡法铸造的出现，使很多造型优美、结构复杂的青铜器物被制造出来，莲鹤方壶就是这时的一件伟大作品。

莲鹤方壶（图3-6）于1923年在河南新郑李家楼出土，为春秋中期器物，高118厘米，口长30.5厘米。器方形，双耳为镂空的顾首伏龙，颈部及腹部四隅皆饰以兽形扉棱，器身饰相缠绕的蟠龙。盖顶作镂空莲花瓣形，中立一鹤，昂首舒翅。圈足饰虎形兽，足下承以双兽，兽首有突出的双角。此壶造型华丽，纹饰繁复，壶腹最大径下移，增加了全器的稳重感。这件作品的纹饰代

图3-6 春秋郑国青铜莲鹤方壶，1923年河南新郑李家楼出土，河南博物院藏（聂鸣/摄）

表春秋时期的主要内容和风格，设计巧妙，是新的铸造技术的成熟体现。尤其是壶顶的立鹤形象逼真，造型生动，完全是一种生活的意趣。正像郭沫若先生所说，这只舒翅昂首的立鹤要飞向一个崭新的时代。

▍画像纹再现故国往事

　　春秋战国之交，青铜器花纹设计出现描写现实生活的图像纹，这其中宴乐射猎攻战纹最具代表性。宴乐射猎攻战纹以宴乐、舞蹈、狩猎、攻战、采桑、弋射以及走兽、禽鸟等图案为题材，反映了当时的贵族社会生活和群雄争战中两军对阵搏斗等内容，开汉代画像的先河。（图3-7）（图3-8）纹饰的构图风格一反单纯的动物纹或几何纹作装饰的呆板的左右对称的情况，而有着复杂生动的作风。此类纹饰多施在鉴、壶等器物上，并且大都采用嵌红铜和线刻纹，布满全身。1965年四川成都百花潭出土的宴乐射猎攻战纹铜壶就是典型作品。

　　宴乐射猎攻战纹铜壶的纹饰（图3-9），从口至圈足分段分区布置。以壶两侧的双铺首环耳为中心，前后中线为界，分为两部分，形成完全对称的相同画面。自口下至圈足，被5条斜角云纹带划分为4层。

　　第一层位于壶的颈部，共出现有18人和2鸟兽，上下2段，左右分为2组，主要表现采桑、习射活动。采桑组2树10人和2鸟兽，树上、下共有采桑和运桑者5人，表现妇女在桑树上采摘桑叶，桑篮挂于树枝上，有的女子

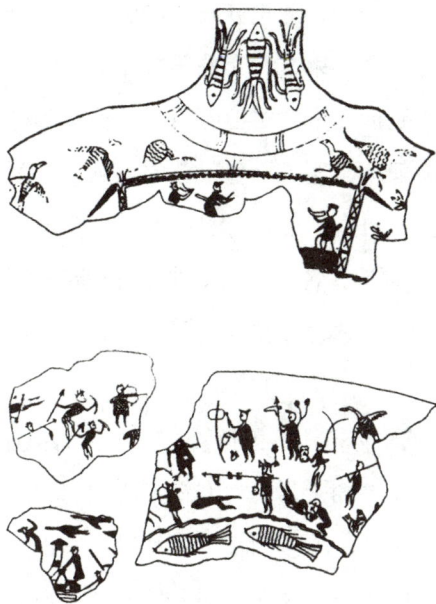

图3-7 宴乐攻战图，战国时期（贺新锋/摄）

图3-9 宴乐射猎攻战纹铜
壶纹饰（贺新锋/摄）

图3-8 狩猎图，
战国时期（贺新
锋/摄）

正在攀登，有的在树下相接。采桑者细腰长裙，为贵族妇人的服饰。纹饰可能是后妃所行的蚕桑之礼。画中所有男子，束装，有的还戴佩剑。他们是在选取弓材。因为，桑科树木是古代制造弓干的重要原料。纹饰以象征性的手法，表现了拣选弓材的场面。树前地面还陈设着猎获的禽兽。习射组4人在一建筑物下，前设侯，就是箭靶。1人主射，1人从射，后有1人扶弓持箭，或为司射。前有1人跪坐檐下，应是获者。相当于现今打靶时的报靶员。下段4人，似为列队待命习射的弟子。本层所描绘的是当时举行乡射礼时的场景。

　　第二层位于壶的上腹部，共刻画有人物20，鸟兽鱼鳖35，分为2组画面。左面一组为宴享乐舞的场面，7人在亭榭上敬酒如仪，榭栏下有2圆鼎，2奴仆正从事炊事操作。此2圆鼎之形制，浅腹圆底，附耳附足，正与春秋战国时期标准鼎制相合。下面是乐舞部分，画面中虡上悬有钟和磬，旁立建鼓和丁宁。图中3人敲钟，1人击磬，1人持2桴（鼓槌）敲打鼓和丁宁，尚有1人持似号角状的吹奏乐器正在演奏，表坝了载歌载舞的热闹场面。根据这一组纹饰中鼎和甬钟的形制，可以推断本器的时代应在春秋末至战国初期。右面一组为射猎的情景，鸟兽鱼鳖或飞或立或游，4人仰身用缯缴弋射，1人立于船上亦持弓作射状。这一层的画面虽分为两组，而相互间似有一定的联系，即出于同一主题，所表现的可能是天子、诸侯正在辟雍行大射礼。这种仪式在古文献和铜器铭文中常见。

　　第三层为水陆攻战的场面。一组为陆上攻守城之战，横线上方与竖线左方为守城者，右下方沿云梯上行者为攻城者，短兵相接，战斗之激烈已达到白热化程度。另一组为2战船水战，2船上各立有旌旗和羽旗，阵线分明，右船尾部1人正击鼓表示进攻另一方，即所谓鼓噪而进。船上人多使用适于水战的长兵器，2船头上的人正在进行白刃战，船下有鱼鳖游动，表示船行于水中，双方都有蛙人潜入水中活动。画中的战斗情景，虽受画面的限制，仅能具体而微，然而刻画生动；战士们手持武器，头裹中帻（zé），射者支左居右，张弓搭矢；持戈矛者，前握后运，双足稳立；架梯者，高擎双手，大步跑进；仰攻者，手持弓戈矛盾、登梯勇上，前赴后继；荡桨者，前屈后翘，倾身摇荡；潜泳者，扬臂蹬足，奋力游动。作者以极其敏锐的观察力和丰富的想象力，准确地抓住每一个人瞬间的具有各自特征的动作，构成了一幅有血有肉的战争场面，完全脱离了商周以来传统的对称而呆板的图案风格。本层位于壶的下腹部，界面较宽，图中人物也最多。

第四层采用了垂叶纹装饰，这种纹饰出现于西周晚期而盛行于春秋以后，多饰于器物的下部，给人以敦厚而稳重的感觉。此器纹饰采用了生动活泼的画面与条带状几何形纹交错相间的布局，使动与静巧妙地结合，画面内容有条不紊，繁而不乱。

全器纹饰中共有178人，鸟兽虫鱼94只，虽略显庞杂，但内涵丰富，形象逼真，再现了古代社会的一些场景，这对研究东周社会习俗、生产、生活、战争以及建筑等，都有极为重要的价值。亦足以证明我国东周时期的绘画与装饰艺术已经达到相当高的水平，并对汉代画像石（砖）艺术及以后的绘画产生了积极的影响，所以它不仅是我国青铜器中的艺术珍品，在美术史上也应占有重要的地位。

▎ 群雄逐鹿，各领风骚

春秋时期是我国历史上大变革、大动荡时期，思想活跃不仅带来了科学技术和生产力的巨大发展，也造成了文化艺术上百花齐放的繁荣景象。各地区的青铜器在此基础上高度发展，它以新颖的器形、精巧富丽的装饰风格和卓越的范铸技术，反映了当时中国青铜器的新风格的崛起。

中原的晋文化青铜器，东方的齐器，西方的秦器，南方的楚器，北方的燕器，早期都源于西周器，相同之处较多，而至东周时期地域差异日趋明显，形成了异彩纷呈的各式青铜文化。

晋文化区，进入春秋时期，晋国日渐强大，在文化上逐渐形成自己的特色。青铜艺术有了飞快发展，器物造型及纹饰主题清新秀逸，不同凡响。春秋中期以后，逐步形成了以晋为中心，包含其邻近的东周、郑、虢、虞、荀等国的中原地区青铜文化类型体系。晋国重食器，器物有鼎、鬲、甗、簋、簠、豆、敦。酒器仅有壶和罍，却仍在使用，器形也在不断变化，春秋中期新出现了酒器舟。盉到了春秋晚期渐多。水器包括盘、匜、鉴。乐器有钟和镈。鼎是食器中最多、时代特征也最明显的器物。春秋早期，附耳鼎增多，柱足改为两头宽中间细的半圆形瓦状蹄足。春秋中期以后，鼎多加盖，作附耳，腹较深，高足改作兽蹄形。晚期鼎腹较浅，呈扁圆形，盖作覆钵状，顶有三纽，矮足。春秋中期成套的青铜编钟发展很快，到春秋晚期不仅有甬钟，更多的为纽钟。此时编镈流行，山西太原赵卿墓出土19件为一组的镈，能奏出七声音阶。镈一般体呈合瓦形，纽作相对峙虎形，篆带上下及两篆间共有36镈枚，有的枚作团状的蟠龙形。目前见到的春秋时期有铭晋国器有春秋晚期的晋公奠，其文笔画纤细而多方折，但字大小不一，布局松散，是未经加工的手写体。邵钟是春秋晚期魏氏器，其字圆笔较多，书体风格略显柔弱。春秋晚期的赵孟齐壶铭文的字体极求美化，注重装饰。其铭文记录了公元前482年晋定公与吴王夫差的黄池之会。

齐文化区，西周初分封的异姓诸侯中，以姜姓贵族最为显赫。姜齐立国后，凭借渔盐之利，农工商并举，很快壮大起来。以临淄为国都，其社会经济和文化非常发达。在整个周代，齐国始终是一个东方大国，春秋战国之交社会变革，也促成了齐国内部统治的变化，最终田齐政权取代了姜齐政权。东周齐国青铜器主要有：食器，鼎（图3-10）、鬲、甗、簋、簠、敦、豆；

图3-10 战国国子鼎，1956年山东临淄齐故城出土，山东省博物馆藏（俄国庆/摄）

此鼎子母口，腹壁较直，直耳安于器口两侧，腹底近耳处，附有3个蹄形足。鼎盖较平，盖面微上鼓，中间有半环形纽及3个长方形纽。器身有凸弦纹一周，器盖及内底各铸阴文"国子"二字。高33厘米，口径34厘米，足高11厘米。属春秋晚期遗物。

图3-11 春秋齐"洹子孟姜"青
铜壶,中国国家博物馆"古代中
国陈列展"(孔兰平/摄)

颈部内壁铭文记叙了齐侯的
女儿洹子孟姜家里有丧事,齐侯
自愿服丧,但是有些不合当时的
礼制,他通过管理礼制的大宗伯
向周天子请示,得到许可。

酒器,壶(图3-11)、牺尊;水器,盘、匜、鉴、罐;乐器,钟、镈(图3-12);
量器,釜、𨮿等。春秋时期齐国铜鼎多为扁圆腹,具有3只较高的蹄足,带
平盖,呈竖折状的二腹耳高于盖面。有的鼎作长方立耳,形似南方的越式
鼎。有的鼎足虽作蹄状,但粗拙短矮,很有特色。齐国铜簋风格独特,两
耳作蛟龙状,盖顶有莲瓣装饰,通体饰波曲纹。这种龙耳簋均做工精湛,
是典型的春秋时期的齐国器。战国早期具有上述特征的簋依然存在,但龙
耳相对粗简。敦用来盛黍、稷、稻、粱等。敦的形状是盖与器相合成球
体,俗称"西瓜敦"。敦一般两侧有环耳,器与盖各有三环足或纽。有的

圆形平底敦的盖上有四环纽。山东临淄褚家庄出土的春秋晚期铜敦在同类器中时代是最早的，有的学者推测铜敦可能源于齐国。铆的器形近长方形而四角略圆，平底，两侧多有二环耳，盖顶略鼓上铸四环纽。此种铆为齐国所独有。春秋时期齐国青铜器铭文主要表现为两种特征，一是未加工的手写体，其字形较方、笔画舒张、风格豪放；二是经过加工的艺术字，表现为字形瘦长而工整，笔画流畅，竖笔长垂而迂曲蜿蜒。战国中期以后，齐国金文较之春秋时期已有很大变化，字体呈长方形，排列规整，笔画简约，已具有了地方色彩。

图3-12 春秋时期齐国的鎛镈，传1870年山西荣河后图祠出土，中国国家博物馆藏（李鹰/摄）

　　秦文化区，关西之今陕西、甘肃地区在春秋时期均属秦国。其青铜器在春秋早期多承继西周晚期作风，至春秋中期始开辟了自己独特的发展道路。春秋秦国铜器中有一些器类是很独特的。在形制上最富特征的器类是浅腹、蹄足根上接于下腹部的秦式鼎。另外，立耳鼎是秦国铜鼎唯一的形制。春秋中期后流行浅腹，双兽首半环耳的簋是秦器中较有特点

图3-13　春秋早期秦公簋及其拓片，甘肃礼县大堡子山秦公墓出土，上海市博物馆藏（孔兰平/摄）

的器类。20世纪初甘肃天水礼县出土的秦公簋（图3-13），就是这个时期的代表作品，秦公簋上的105字铭文，记录了秦景公自述的秦国的历史。秦式青铜短剑最具特色，它的特征是颈部多加以精心修饰，有镂空或半镂空的纹饰，格部有纹。

　　楚文化区，楚人西周时主要活动在汉水、长江一带。春秋战国时通过吞并其他诸侯国，疆域不断扩大，成为七雄之一。东周时期楚国青铜器铸造业非常发达，其青铜器既有着较突出的自身风格，同时也表现了华夏文

化的特点。楚器上的立体浮雕装
饰技高一筹，器足、耳和钟、镈
的纽，常铸浮雕动物。以失蜡法
铸造的铜器出现，这种新技术使
得铜的装饰更加细腻精美。河南
淅川下寺楚墓出土的铜禁，禁面
四边和侧面用多层铜梗铸成网状
而互相纠结的蟠虺纹，从而达到
了玲珑剔透、节奏鲜明的高层次
的艺术效果。春秋时期最著名的
楚器，当属王子午鼎（图3-14）（图
3-15）。1978年河南淅川下寺楚墓
出土的王子午鼎，鼎宽体、束
腰、平底、斜立式耳，口部有一
周厚边，器身周围有6个浮雕夔
龙作攀附状，兽口咬着鼎的口
沿，足抓着鼎的腰箍，使鼎在香
烟缭绕中有升腾的感觉。鼎盖作
平顶微弧，有圆形纽。盖、颈、
腹内壁均铸铭文，腹铭84字，表
达了对先祖的追思，叙说了王子
午自己施德政于民的业绩，并教
育子孙须以此为准则。全文语词
流畅押韵，是楚国青铜器上不多
见的长篇美文，具有重要的史

图3-14 春秋楚国王子午鼎（附匕），1978年河南
淅川下寺2号墓出土，中国国家博物馆 "古代中国陈
列展"

　　腹内壁铭文主要内容是王子午叙说自己的德
政，同时上祭祖先、下为子孙祈福。

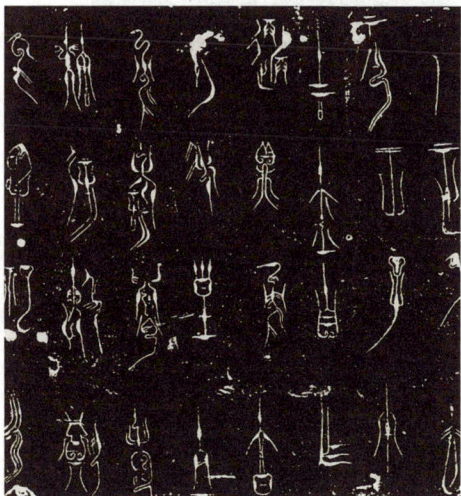

图3-15 王子午鼎铭文

　　大意为："王子午自铸铜鼎，以祭先祖文王，
进行盟祀，他施德政于民，因而受到尊重，望子孙
后代以此为准则"。

图3-16 战国中晚期蟠龙纹敦及其腹部纹饰，1981年北京通县中赵甫村砖瓦厂出土，首都博物馆藏

料价值。器物主人地位显赫，他是楚庄王之子、楚共王的兄弟，曾任楚国令尹（宰相）。楚国铜器铭文与中原地区相比，有很大的特殊性，不但有异形字，而且还创造了许多新字，在字的结构与笔画上也出现新的特点，字体修长和字体方扁。

燕文化区，燕国是北方的一个大诸侯国，其始封都城，古称为蓟。根据考古资料，学者普遍认为，北京房山区琉璃河一带是周初燕国的都城所在地。春秋时期，燕国与中原各诸侯国来往较少，这主要是由于戎狄族阻隔的原因。

春秋时代燕国青铜器的种类主要有：食器为鼎、簋、甗、豆、敦（图3-16）、匕，酒器为壶、瓿、缶，水器为盘、匜、鉴，还有衔环大铺首、铜人等。春秋晚期的燕鼎，呈较低的马蹄状，突出了鼎的深腹特点，有的鼎盖有3个环纽，纽周缘特别宽，与常见的环纽有别。燕簋造型颇为独特，皆为深腹，腹下收几乎成半圆形，腹上有双环耳，其微隆的盖饰有三鸟状纽。燕国敦多作长圆形。其中高足敦，高口，深腹，三蹄足较高，有盖，盖顶心有一环纽，近边缘外有等距离的三环纽或三鸟首。而环足敦，盖、器同形，盖与子口扣合严密。盖顶与器底均置三环纽或三环足。燕匜特点也较为突出，多为椭圆体，圆底，马蹄形高足，其鸟首流嘴上半部有活动的盖，鸟首錾。河北唐县北城子出土的兽首錾匜，腹两侧有小衔环铺首，是较罕见的实例。1982年江苏省盱眙县南窑庄出土的金银错铜丝网套壶最为精美和最具历史价值。壶作侈口，长颈，圆腹，圈足。肩和腹上的网套系失蜡法铸就，由96条卷曲的龙和576枚梅花钉交错套扣，玲珑剔透。铜套中间有错金云纹铜箍，箍上有兽首衔环和倒垂的浮雕兽各4个，环与立兽上均有错金银纹饰，壶颈与圈足亦饰错金银纹饰。壶口沿刻铭标记了壶的容量，圈足外侧刻有"陈璋伐(燕)之获"的字样，记录了公元前315年齐国与燕国的战争。

吴越文化区，春秋时期，东南地区的越人建立了吴国和越国。吴越两国地处长江下游三角洲地带，南北相连，有共同的族属和文化经济基础。青铜器方面，也有相当多的共同点。吴越青铜器的特点是：一方面，其形制、纹饰和风格，多为春秋中原列国流行式样的礼乐器；另一方面，吴越青铜器又有较浓厚的地区风格，变形是其与中原的器物相比有较大变化之处。吴越青铜兵器制作精良，吴王剑和越王剑早已名满天下。（图3-17）另外

图3-17 勾践青铜剑，湖北江陵，望山1号楚国贵族墓出土

105

吴越地区出土青铜农具的种类和数量与其他列国相比是较为突出的。吴越富有区域特征的青铜器，主要有鼎、簋、尊、卣、盘（图3-18）。吴越鼎与中原的大致相同，区别是口沿上立耳较小，圆底浅腹，少数为深腹，三足细高而外撇，人称"越氏鼎"。这种鼎一般容积较小，外观也不厚实强壮，三足作外撇状，给人以稳定感。吴越地区没有带盖簋和圆足下支3小足的簋。簋耳下也很少有垂耳。概括地说，吴越的簋大多是体矮，圆口，口沿较卷，低颈，横宽腹，圈足较低，器形的变化较多。簋耳的样式是多样的，多是兽耳、坏耳、矮空耳，少数的簋耳配置垂耳或镂空花脊。尊在中原地区西周晚期已消失。到了春秋晚期淮河以南和江南又重新出现。吴越尊的腹部鼓出呈丰满的圆弧状或相当突出的扁球形，两者有显著的区别，尊颈和腹部的纹饰独具地区的特色。在中原地区，铜卣早在西周穆王后就

图3-18 春秋三轮铜盘，江苏武进出土，中国国家博物馆藏（聂鸣/摄）

图3-19 吴王夫差鉴及其局部，春秋吴国，器物高44.8
厘米、口径76.5厘米，河南辉县琉璃阁出土，中国国家
博物馆藏（杨兴斌/摄）

退出了礼器的行列，可春秋晚期又在江南出现。这些卣仍是有盖，有提
梁，多椭圆体，低圈足，腹部有垂腹式、鼓腹式和圆球式。卣的局部或
细部都具有一些地区特点。吴越青铜器铭文，字体清新秀丽，结构多用纵
式。它的发展过程，大约先是结构细长，笔画秀整，显得十分华贵典雅。
在这基础上进一步修饰，具有了结构繁缛、笔画回环的特点。春秋中期出
现了花体书体，实即篆书的变体，人称"鸟虫书"。该体是一种带有装饰
性的类似图案文字的美术字，大多用回环盘曲的蛇虫形纹饰或鸟形图案作
为附饰。"鸟虫书"变化丰富多样，表现出强烈的装饰意识。吴越青铜器
以春秋中期者减钟上的长篇铭文最为稀贵。其铭文、词汇同于中原，为吴
国贵族习诵中原典籍的例证。安徽寿县蔡侯墓出土形制相同的春秋晚期鉴
2件，内壁有铭，记为吴王光嫁女叔姬寺吁于蔡的媵器。吴王夫差鉴（图3-19）
和吴王孙无壬鼎腹内分别铭记吴王夫差"自作御鉴"和"吴王孙无壬之胚
鼎"，均为春秋晚期著名王器。

礼在东方

中国青铜器

4

工巧材美

——战国青铜工艺

▎导言

春秋之后，中国历史进入了七国争雄的战国时代（公元前475年—前221年）。伴随着铁器时代的到来，中国青铜文化开始进入尾声。

战国早期的青铜器继续行用春秋晚期的形制，依然精彩。但对纹饰进行了革新改造，除蟠螭纹外，流行钩连雷纹、贝纹、绹纹，同时大量出现方块形成的三角形云纹。贵重器物往往采用生产工序最为繁复、形式最为华丽的错金、错银、嵌错红铜、松石和细线刻镂等先进的工艺技术。一些嵌错着描写当时贵族宴饮、乐舞、射猎等现实生活图像的器物，斑驳陆离，多彩多姿。狩猎纹铜壶、嵌松石蟠螭纹豆、螭梁盉，都是这个时期青铜器工艺的代表作品。

战国中晚期，青铜器的制作风格发生了大的改变，设计趋于轻灵奇巧，简易实用，除礼乐器外，有大量生活用品问世。铭文除个别长篇外，多为"物勒工名"。

战国时期，七雄并起，争战不已，兵器制造业得到迅速发展。远射的三棱矢镞（图4-1）此时改成铁铤。戈均为长胡多穿，援瘦长。矛呈锥体，由

109

图4-1 战国青铜镞

棱线上伸出的侧刃前聚成锋。

此期青铜乐器已发展到了相当高的水平，有的数十枚甬钟、钮钟配以低音的镈组成编钟乐队。经测音，已构成复杂的音律体系，有的还载有完整的乐律铭文。

能反映这一时期工艺水平的还有铜镜与带钩，它们同属生活用器。最早的铜镜出土于齐家文化墓葬（约公元前2000年），商、西周、春秋亦有出土，但直至战国时期才大量出现，尤以南方楚国墓葬出土居多。镜多为圆形，质轻体薄，弦纹纽，纹饰多几何图形、人物图形和动物形。

带钩又名犀比，它既是服具又是装饰物，因此做工十分考究，有镏金、错金银、嵌玉等工艺。形制则有琵琶形、兽形等。

在其后相当长的时间里，青铜器流入民间，脱去神秘的外衣，以日常生活用品和工艺品的身份，留存在社会生活里。但是，随着礼制传统的延续，作为藏礼工具的青铜礼器，在其后历代礼仪制度中，仍保留着它不可替代的地位。

尽管我国"青铜时代"的起讫时间尚有争议，但先秦青铜器所含有的历史信息、艺术信息和科技信息的重要价值，无疑是其他时代铜器不可比拟的。

▎青铜乐器的成就

战国时期，青铜制造业保持在高水平，乐器也有了进一步的发展。这时期的乐器以打击乐器为主，尤以编钟和编磬最为重要，礼乐主要还是为政治服务的。虽然战国初期出现了文化下移的现象，但有的统治者仍然是通过音乐来达到统治的目的，重视雅乐，钟磬就得到重视。编钟

图4-2 战国早期曾侯乙编钟，湖北随州曾侯乙墓出土，湖北省博物馆藏（杨兴斌/摄）

属于青铜类乐器，无论从其社会性、功能性、艺术性哪一方面来看，它都是战国时期当之无愧的代表。1978年湖北随州曾侯乙墓出土的编钟（图4-2），向人们揭示，战国初期的编钟艺术达到了历史的高峰。

"乐悬"实指钟、磬等大型编悬乐器的配置，是周代礼乐制度中体现等级的重要内容。曾侯乙墓出土的乐器，首先使人们对西周的礼乐制度有了一个形象的认识。曾侯乙钟架两面，磬架一面，其布局正是《周礼》所说的"三面，其形曲"的轩悬。而以曾侯乙国君的身份，享用轩悬之制于礼制相合，这就证实了文献记载的可靠性，对于研究周代礼乐制度，提供了实例。

图4-3　战国早期曾侯乙编钟（楚惠王送的铸钟），湖北随州曾侯乙墓出土，湖北省博物馆藏（杨兴斌/摄）

曾侯乙编钟（图4-3）为青铜铸造，做工精细，结构非常庞大，全套编钟分3层悬挂：上层为纽钟19枚，主要用来定调。中层甬钟33枚，为主要演奏部分。下层有甬钟12枚，用来和声和烘托氛围。另有楚惠王送的一枚铸钟，共计65枚。其中最大的一枚甬钟通高152.3厘米，重203.6千克。最小的一枚通高20.2厘米，重2.4千克，钟体总重量达2567千克。这45枚甬钟构成了5个完整八度的有效音域，而音列中变化音(变声) 更趋完整，组成的音阶

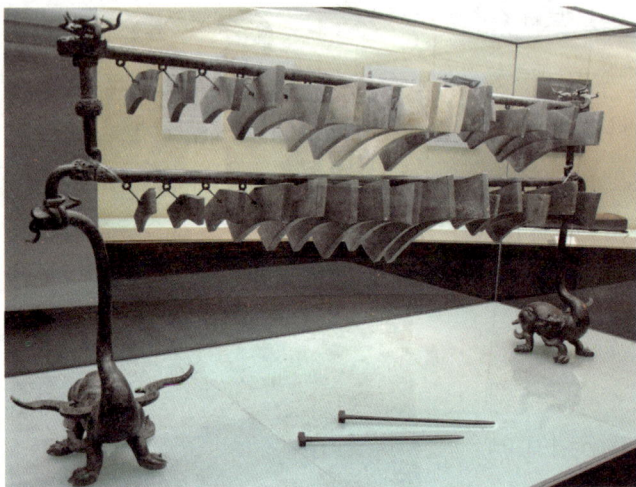

图4-4　战国早期曾侯乙编磬，湖北随州曾侯乙墓出土，湖北省博物馆藏（杨兴斌/摄）

结构更为完善。作为低音和声、节奏演奏的下层12枚大型甬钟，其音域起于大字组的C音，止于小字组的B音。其间几乎具备了完整的半音阶结构，可演奏多种宫调的五声、六声和七声音阶的旋律。中层3个组的甬钟音色悦耳，音区适中，为主奏旋律的重要乐器。经测定，这些甬钟发音准确，音色优美，音域宽广，变化音也比较完备，古今乐曲都能演奏，还能与今天的乐器合奏。曾侯乙编钟及架、钩上共有铭文3755字，内容为编号、记事、标音及乐律理论，构成了一部重要的中国古代乐律理论专著。《国语·周语》中记录了先秦十二音律的律名，却与楚仅有一个姑洗（古代乐律名）是相同的。由此可见，楚乐尽管是在中原文化的基础上发展起来的，却自成体系，具有其独特的地方特色，是中原文化不可替代的。

曾侯乙墓，这座被后人称为"地下音乐厅"的宝藏，其乐器种类丰富，不仅有钟、磬(图4-4)这样的大型乐器，还有琴、瑟、笙、筝、竽、篪（chí）、排箫等小型乐器。这些乐器充分地反映出战国时期丰富的、辉煌的音乐文化。

▎各国的金属货币

最迟在商代，已经出现了贝币，在商代贵族墓葬中不断发现这种货币，与文献记载完全一致。1971年，在山西保德还发现了100多枚铜质的贝币。空首布（图4-5）（图4-6）是春秋时期发展得比较成熟的金属货币，其原型来源于农业工具镈，是挖土翻地的铲子，类似今天的锹。最早的空首布都有安装木柄的空腔。1959年在山西侯马牛村古城南晋国遗址出土了铸造空首布货币，高约12厘米，耸肩尖足，平裆，其中一件有面文6字，属于春秋晚期晋国。布币流行于两周三晋地区。安邑釿（jīn）布是战国时期魏国的货币，安邑是地名，魏国

图4-5 大型无文耸肩尖足空首布，春秋后期，晋国铸币，北京市古代钱币博物馆藏

115

图4-6 土字平肩
弧足空首布，春秋
后期，晋国铸币，
北京市古代钱币博
物馆藏

早期的都城，在今山西夏县境内；釿是货币单位。_{（图4-7）}圜钱就是圆钱，最初的圆形钱中间的孔也是圆形的，因此有人推断圜钱是从纺轮演化过来的，也有人认为圜钱是由璧演变而来的。垣字圜钱是魏国货币_{（图4-8）}。垣，即今山西垣曲一带。圆形方孔五郭的圜钱，其上有"半两"二字，流行于秦国，是半两钱的最早形式。刀币是春秋战国时期主要货币之一，主要流行在齐国、燕国和赵国等地区，而以齐国的刀币最著名。刀币，形制

图4-7 安邑釿布，战国时期，魏国铸币，北京市古代钱币博物馆藏

117

图4-8 垣字圜钱，战国时期，魏国铸币，北京市古代钱币博物馆藏

为弧背凹刃，长刀尖，扁平柄后接椭圆形环。这种刀币是由商周时期的一种手工工具环首刀演化而来的。刀币上常见"安阳之法化"（图4-9）"齐之法化""齐返邦长法化""即墨之法化""博山"等钱文，钱文说明这些刀币是在齐国的即墨、安阳铸造的，法化就是法定的货币之意。博山刀币是燕国占领齐国之后在博山铸造的货币，其历史价值更高。此外，燕、赵两国同样使用刀币。燕国刀币背成弧形，刃部内凹，长柄端有环。有的刀尖尖锐如针，有的尖首尖而不锐。（图4-10）赵国刀币，刀形平直、薄小。战国时期，以长江流域的楚国为主，使用一种有字的贝形铜币，俗称"蚁鼻钱"，也叫"鬼脸钱"。其形状呈凸面椭圆形，面上有一小穿孔。目前发现较多的是"咒""贝""君""金""行"字币。

战国的各种货币，可谓"百花齐放"，给各国间的兑换和流通带来了不便。秦始皇统一中国以后，为适应社会历史发展的趋势，用秦半两钱统一了全国的货币。

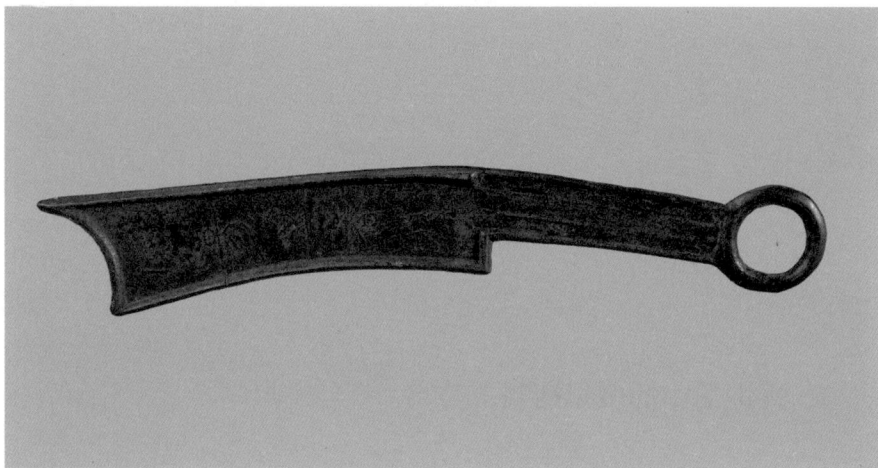

图4-9 安阳法化刀，战国时期，姜齐铸币，北京市
古代钱币博物馆藏

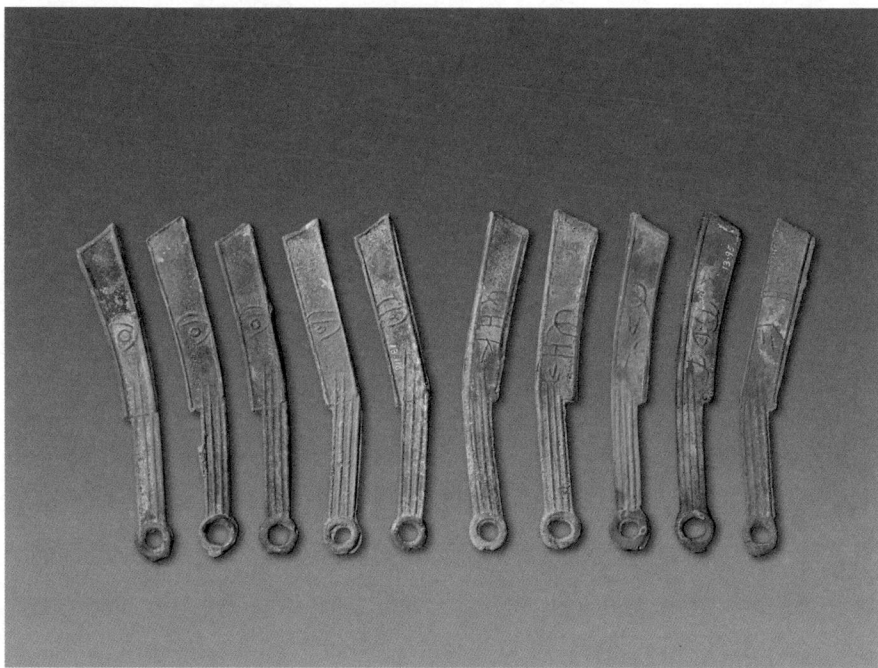

图4-10 明刀，战国时期，燕国铸币，首都博物馆藏

青铜器中的度量衡具

中国度量衡的发展有悠久的历史。商周时期，奴隶制经济文化已经相当发达，农业和手工业的发展，需要有相应的测量长度、容积和重量的度量衡器具与制度。目前所见最早的尺，是相传河南安阳殷墟出土的商骨尺和牙尺，分寸刻画采用十进制。相传春秋末期鲁国的著名工匠公输班，有丰富的实践经验，他首创鲁班尺，享有"万家不差毫厘"之誉。20世纪初河南洛阳金村出土一把铜尺，铜尺一侧刻十寸，第一寸处刻十一格，其余九寸未刻分，五寸处刻交五线，一端有孔。

春秋时期，各诸侯国相继进行了一些改革，如齐国"相地而衰征"、楚国"量入修赋"、鲁国的"初税亩"，都承认土地私有而开始征收田赋。新的生产关系的出现，度量衡显得更加重要，度量衡的制度日趋完善。传世的齐国右伯君铜权和荆州出土的楚国铜环权，说明春秋时期的一些诸侯国的单位衡重已经相对稳定。春秋晚期齐国旧政腐败，新势力的代表齐国大夫陈氏改变了旧秦的量制，用"大斗(陈氏家量)出贷，以小斗(姜氏公量)收"的办法，笼络人心，壮大自己的政治力量。改变齐国的旧量制正是其争夺民众壮大自己的一种手段。到了战国时期，封建生产关系确立，为了便于商品交换和征收赋税，加强了度量衡器的制造。齐国的陈氏在夺取政权以后，把容量单位制由四进位改为五进位，并颁发了标准量器。现存世的有子禾子铜釜（图4-11）和陈纯铜釜。秦国商鞅变法，公元前344年颁发了标准量器——商鞅铜方升（图4-12）。商鞅铜方升"以度审容"的方法，便于按尺寸校准、复制推广，按铭文规定，器物制作时是以16.2立方寸为一升计算的，反映了当时应用数学的发展。商鞅铜方升的底部刻有秦

图4-11　战国齐"子禾子"青铜釜，1857年山东胶县灵山卫出土，中国国家博物馆"古代中国陈列展"（孔兰平/摄）

釜是齐国量器的一种。"子禾子"即田和子，是他当大夫时的称呼。此釜是他未成为齐侯之前铸造的器物。

121

图4-12 战国秦"商鞅"青铜方升铭文拓片，中国国家博物馆藏（孔兰平/摄）

此器是秦孝公十八年（公元前344年）"商鞅变法"时所规定的标准量器。秦统一六国后，又在其底部加刻了秦始皇二十六年诏书，命令丞相隗状和王绾把商鞅既定的制度推行到全国。

始皇二十六年（公元前221年）统一度量衡的诏书，是秦统一后加刻上去的，说明秦始皇统一度量衡实际沿用了商鞅方升的标准。

春秋中晚期楚国称量黄金货币，已经开始使用铜衡环权 (图4-13)，这种小型衡器制作精致，最小的环权重一铢，约合今天的0.6克。1959年在安徽凤台发现铸造这种环权的铜母范，一次可铸环权两套，每套5枚。当时楚国广泛地使用这种衡器。北方使用的铜权与楚国不同，1976年河北平山县战国中山墓出土的铜权，体呈瓜形，有棱，底部略收，上有环纽。还有，1964年陕西西安阿房宫遗址出土的秦国高奴权，权作半球形，平

图4-13　战国楚铜衡环权，山西省祁县古城度量衡博物馆藏（罗红/摄）

底，顶端有鼻纽，正面铸凸起阳文16字："三年，漆工䣆、丞诎造，工隶臣牟。禾石，高奴。"此权自铭为石权，折算每斤合256.3克。权的另一面加刻秦始皇二十六年诏书和秦二世元年诏书。此权自始铸至秦二世元年，3次铸刻铭文，长期作为标准器使用，反映了自战国至秦朝一直保持着统一的衡制。

生活中的艺术品

中国铜镜最早产生于公元前2000年左右黄河上游的甘青地区，尕（gǎ）马台铜镜是已发现的中国最古铜镜，是一件罕见的艺术品。它的背纹是以三角纹折转成圆周，中心衬成七角星形，有高超的匠意。就铸造工艺而言，镜原有纽，制作也较复杂。此后铜镜的制造中心开始转入中原地区，经过殷商、西周的发展，战国时期，铜镜随着实用技术的提高、实用性的增强，开始在中原地区和长江流域普遍流传。

现在的河南和湖南是战国时期南、北两个重要的铜镜产地。湖南是楚国领

图4-14 战国楚透雕蟠螭纹青铜镜，1976年湖北江陵张家山出土，中国国家博物馆藏

124

图4-15 战国山字纹铜镜，湖北荆州博物馆藏（郑立山/摄）

地，它制作的铜镜轻薄，厚度在0.1～0.8厘米之间，直径一般在10～20厘米之间；图案精美，一般都运用了主纹和地纹二层或多层重叠的手法，配置成富于空间透视效果的图案，尽管仍沿用了商周时期的蟠螭纹、虺龙纹、涡纹、云纹等，但由于变样而失去了宗教含义。（图4-14）这正是旧体制崩溃，新体制崛起，从而带来了万象更新局面的实物见证。河南洛阳自周平王东迁以后，一直作为东周的都城。这时虽然处于诸侯争霸、七国称雄的混乱局面，但周王直至战国末年还保持着天下共主的地位，王室所在地洛阳，也仍是"商遍天下""富冠海内"的名都。这里聚集着众多的手工业奴隶，称为"百工"。周灵王时命"百工献艺"，为王室制作出许多"名器重宝"，其中也包括有精美的铜镜。（图4-15）1928年，在洛阳金村战国墓葬中出土了19面铜镜，即错金银狩猎纹镜、八弧虺龙纹镜、变形羽状

125

图4-16 战国铜带钩,湖北荆州博物馆藏（杨兴斌/摄）

纹地三山三兽纹镜、细纹地四叶禽兽纹镜、蟠螭纹涡纹镜、错金银虺龙纹镜、彩绘细纹地四禽纹镜、嵌玉四夔透雕方镜、嵌琉璃玉贝镜等,因属王室及贵族使用之物,故工艺极精,表明战国时代各种新的工艺技术正在迅速兴起。这就更丰富了铜镜装饰的艺术表现手段和色彩效果。从纹饰看,战国铜镜已开始出现写实性的龙飞凤舞、欢快流畅的气氛。金村战国时期周墓出土的狩猎纹铜镜,其背面用错金银工艺制成一副全甲胄的骑士,手执短剑与猛虎相搏,画面充满了生机。

战国以后,铜镜工艺继续发展。西汉铜镜逐渐厚重,镜上常有吉祥语的铭文。还出现了"见日之光"透光镜，即当镜面承受日光时，墙上就反映出与镜背相对应的图案。新莽时期一种规矩纹镜十分流行。东汉中期至魏晋时，流行浮雕的画像镜和神兽镜。唐代是我国铜镜发展的巅峰，它不仅制作精美，而且打破了传统铜镜为圆形具纽的单一模式，出现了方形、菱花形、葵花形和带柄手镜等多种形式，纹饰也变得丰富多彩，有花蝶、葡萄、鸟兽、人物故事等。这一时期还出现了金银平脱螺钿镜。宋代开始铸镜技术逐渐走向衰退，宋镜纹饰以缠枝花草、牡丹等为主，自南宋起湖州是最著名的铸镜中心，镜背常附有制镜作坊的标记。清代乾隆以后，铜镜渐被玻璃镜所取代。

带钩是古代束腰带上的挂钩，多用青铜制造，基本特征是一端曲首作钩，背有蘑菇状的短柱铜扣。（图4-16）根据出土器物考证，带钩出现于春秋早期。最早的带钩出土于山东蓬莱村里集春秋早期墓。战国时期带钩使用广泛，流行各地。带钩形式很多，有竹节形、琵琶形、各类动物形（图4-17）

图4-17 战国犀牛形带钩，重庆中国三峡博物馆藏（杨兴斌/摄）

等，人们使用带钩，不仅为日常所需要，更是身份地位的象征，尤其王公贵族所用带钩甚为精美，多采用了包金、贴金、镀金银、镶嵌玉和绿松石等工艺，斑驳陆离，多姿多彩。(图4-18)

图4-18 战国兽面纹镏金铜带钩，河南新郑博物馆藏（聂鸣/摄）

青铜灯始于战国时期，《楚辞》有"华镫错些"的词句，即是对灯的咏颂，它反映了战国时期青铜灯具的工艺之巧。灯的样子很多，较普通的是上有圆盘，盘内有钎，盘下有柱，柱下有圈足(图4-19)；也有盘下作雁足状的，盘用来盛油或插烛。另有一种灯自铭为"行灯"，它圆盘边有把，盘下有三短足。青铜灯最富感染力的当属那些铸成人形(图4-20)、禽形、兽形、树形的艺术造型灯。如战国中山王墓出土的十五连盏灯，全灯除有十五分枝上托灯盘外，还有人、猴、鸟、螭等活动的场面，显示出生动活

图4-19 战国瓦状纹高柄铜灯，湖北江陵望山2号墓出土，湖北省博物馆"楚文化展"（杨兴斌/摄）

（下）图4-20 战国时期齐国武士人形铜灯，高23.9厘米、盘径11.5厘米、勺长22.7厘米，1957年山东诸城出土，中国国家博物馆藏（王达宁/摄）

泼的情景。又如河北满城汉墓出土的长信宫灯（图4-21），整体为人形，周围有壁及可开合的门，以调节气流和照度。

汉代灯的造型很多，主要有豆式高灯、雁足灯（柄部作雁足形）、行灯（有柄可手持行走）、椭盒状辘轳灯、卮灯、釭（gāng）灯（人物形、牛形、羊形、雁形）等。西汉时期的铜朱雀灯，分灯盘、朱雀和盘龙三部分，体现了在装饰上的简约美。朱雀昂首翘尾，嘴衔灯盘，足踏盘龙，做展翅欲飞状。双翅和尾部阴刻纤细的羽毛状纹。灯盘为环状四槽，内分三格，每格各有烛钎一个。盘龙身躯卷曲，龙首上仰。此灯造型优美，形象生动，而又厚重平稳。

图4-21　西汉长信宫灯（复制品），河北满城汉墓出土（聂鸣/摄）

▌ 信誉和权力的重要凭证

　　玺印出现在春秋时期，而广泛应用于战国。玺印的出现和发展，是中国特有的文化现象。春秋战国时期，诸侯各国的官吏数量大幅增加，并不断更替，这就需要发给任官一种可资证明身份并保证其顺利行使权力的凭证，于是官玺也就应运而生并发展起来。城市和商业的发展，使人与人之间的关系也随之产生了根本变化。人们交往，特别是商业往来需要一种凭证，于是，私玺也就出现了。"信"是玺印的本质，而决定玺印性质的是玺印、姓名玺。官玺的材质有铜、玉、陶3种，以铜为主。私玺也以铜为主，还有玉、玛瑙、象牙、琉璃等选材。官印的形制有三，正方形、长方形、圆形。私玺印体较多，除上述3种外，还有椭圆形、心形、矩形、花瓣形。印纽有鼻纽、坛纽、橛纽等式。印面刻字，分为阴文和阳文。铜玺文则与印体一同铸出。钤有古玺印的封泥，是古人封缄物品时钤盖的物主印章，作为物主标记与防伪的封泥。如"郢称"，这是楚国的金币，其上钤有印文"郢称"二字，代表国家的信誉。古人篆刻印章，原本以实用为目的，但刻印者非常注意印章的艺术效果，元以前的印章，艺术只是实用的附属品；明清时期文人

131

参与印章篆刻，并以优质石料制印，创作出大量篆刻艺术品，同时也涌现一批篆刻艺术家。这样在中国古代印章中就出现了以实用为主的官私印章，及以艺术欣赏为主的明清流派印两大系统。

符节为某些特殊权力的信物，是传达王命的凭证，与我国古代中央集权政治有着密切关系。符是传达命令或调兵遣将所用的凭证。一符从中剖为两半，有关双方各执一半，使用时两半符合，表示命令验证可信。符多作虎形，世称虎符。现存最早的铜符是1973年陕西西安郊区发现的秦国杜虎符 (图4-22)。虎符上有错金铭文9行40字："兵甲之符。右才(在)君，左

图4-22 秦虎符，陕西西安出土，为战国时秦国将领所执之物

虎符为古代军事活动信物，国君执右，将领持左，左右虎符合并验证方可调兵。

在杜。凡兴士被甲，用兵五十人以上，必会君符，乃敢行之。燔燧之事，虽母（毋）会符，行殹（也）。"虎符上铭文的意思是说，右半符存君王之处，左半符在杜地的军事长官手中，凡要调动军队五十人以上，杜地的左符就要与君王的右符会合，才能行军令。但遇有紧急情况，可以点燃烽火，不必会君王的右符。器物铭文是在虎身镂刻阴文，再将金丝嵌入阴文之内，最后打磨平滑光亮，虽历经2000多年，仍熠熠闪光。字体绝大部分是小篆，规整挺秀。节是古时由帝王或政府颁发的用于水陆交通的凭证。

就形制而言，有虎形、马形、龙形、竹节形。早期的节是剖竹为之，《周礼·小行人》中有所记载。后来虽用青铜铸造，但仍多取竹节之形。1957年及1960年安徽寿县丘家花园出土的鄂君启节（图4-23），包括有2件舟节和3件车节，合在一起呈圆筒状。节面文字错金，各有9行，舟节163字，车

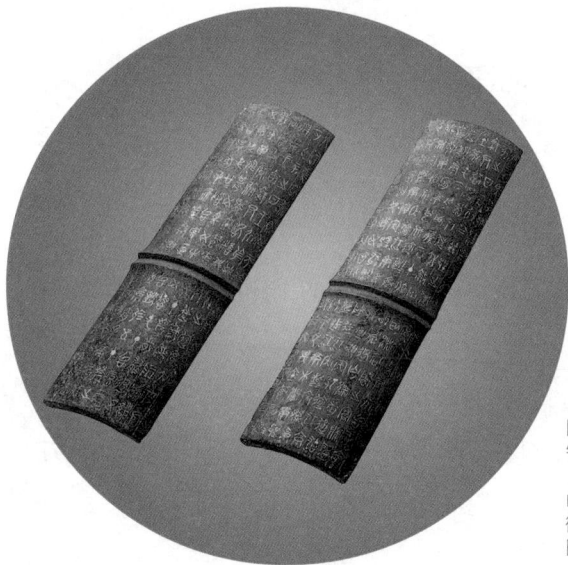

图4-23 战国楚地错金鄂君启铜节（楚王颁发给鄂君的免税凭证），安徽寿县出土，中国国家博物馆藏

节154字。据铭文记载，其铸造时间是楚怀王六年（公元前323年），为怀王颁发给封地在今湖北鄂城的鄂君启于水陆两路运输货物的免税通行证。铭文还严格规定了水陆运输的范围、船只的数量、载运牛马和有关折算办法，以及禁止运送铜与皮革等物资的具体条文。此节为研究其时楚国的符节制度、商业、交通和楚王同封君上下关系提供了重要的实物证据。另外，其器形迄今为止仅此一见，更显珍贵异常。

▌诸侯国君墓再现昔日奢华

在发掘战国时期诸侯国君墓地的工作中，考古人员已有一些重要的发现，现择要予以介绍。

1978年考古工作者在位于湖北随州城西2千米的擂鼓墩东团坡上发掘了战国初期曾国国君乙的墓葬。根据视死如生的观念，曾侯乙墓的结构与布局宛如地下宫殿，整个墓葬分作东、中、北、西四室。在东室，曾侯乙

图4-24 战国早期青铜礼器："九鼎八簋"，湖北随州曾侯乙墓出土，湖北省博物馆藏（杨兴斌/摄）

留下的遗物多为武器、乐器、马具、裸漆的日常用具、玉器、珠饰、金器等。中室，全部放置礼器与乐器，礼器成排成组，井然有序 (图4-24)，极为精湛的青铜尊盘就置放于此。闻名遐迩的青铜编钟安置在尊盘的对面，一架编磬靠近北壁，与编钟组成三面环绕的形式。其间有瑟、笙、排箫等乐器和裸漆的酒具以及用于宴饮的漆俎。西室是殉葬者。北室，用作储藏，其内附设了一个大木架，主要存放兵器、车马器与甲胄。另外还出土有240枚竹简，这些竹简记载了用于葬仪的物品以及葬仪的规模。曾侯乙墓出土的青铜器及其铸造工艺在中国青铜时代也是一流的。(图4-25) (图4-26)

图4-25 战国早期铜镬鼎，湖北随州曾侯乙墓出土，湖北省博物馆藏（杨兴斌/摄）

图4-26 战国早期铜
簠，湖北随州曾侯乙
墓出土，湖北省博物
馆藏（杨兴斌/摄）

图4-27 战国早期铸
镶红铜纹饰盥缶，湖
北随州曾侯乙墓出
土，湖北省博物馆藏
（杨兴斌/摄）

曾侯乙墓出土青铜礼器和用具共有134件，其中礼器117件，用具17件。（图4-27）（图4-28）两类重量计有2344.5千克。若加上编钟以及其他青铜铸件的重量，曾侯乙墓出土青铜器的总重量达到10.5吨。

曾侯乙墓出土的青铜器所显示的工艺成就，首先是失蜡法的应用，它较春秋中晚期的失蜡铸件要成熟得多。其次证明传统的复合陶范铸造技

图4-28　战国早期铜簠，湖北随州曾侯乙墓出土，湖北省博物馆藏（杨兴斌/摄）

术，以及分铸法、铸镶法、嵌错工艺有了新的发展。曾侯乙尊盘（图4-29）的某些装饰件是用失蜡法铸造的，它所显示的慧心与巧智，不能不使人折服。曾侯乙墓出土的鉴，是大型的酒器，并且可以盛冰，用来冰镇酒浆，所以叫冰鉴。冰鉴的发明，使曾侯乙在祭祀或宴享时，没有热天的顾虑，他能够随时捧出醇厚清冽的美酒。另一件曾侯乙墓出土的著名文物是联禁壶（图4-30），壶是酒器，是常见的；禁是承放酒器的几案，很少见。这些遗物凝聚了文化轴心时代的精神，显示出我们民族在开启自己文明行程伊始的风貌。

图4-29 战国曾侯乙墓尊盘，湖北省博物馆藏（黄旭/摄）

安徽寿县朱家集李三孤堆战国晚期楚幽王墓，是迄今发现的唯一可以确认的楚国国君墓。《越绝书·吴地记》记载威王以下的楚王墓都在"寿春东凫陵亢"。楚寿春古城在今安徽寿县西南20千米，楚幽王大墓正是在它的东面。这座大墓先后3次被盗，分别是在1933年、1935年和1938年。由于此墓几次被盗掘，墓葬形式无可靠记录。该墓所出随葬品，现存多为第一次盗掘出土器物。其中最著名的是青铜礼器，如楚王熊璋剑、曾姬无恤

壶、楚王熊肯鼎、楚王熊悍鼎及铸盉等，楚王熊悍鼎，盖上刻铭33字，器
上刻铭31字，共计64字。其中铭文"楚王熊悍战获兵铜，正月吉日室铸镴
鼎，以供岁尝"，记述的是楚王熊悍在战争中缴获大量铜兵器，正月的一
个吉祥日子里，把铜兵器熔化，铸成这个鼎，以供每年的尝祭用。楚幽王
墓规格高，出土的文物都是楚国晚期器物断代的标准器，对研究这一时期
铜器的多样性和复杂性有重要意义。

　　1950年至1951年中国科学院考古研究所在河南新乡辉县固围村村东，
发掘清理了战国中期魏国王陵。此处有3座魏王陵墓，是魏王及王后的陵
墓。三墓自西向东并列在高2米，东西长150米，南北宽135米的平台上，依

图4-30　战国早期铜联禁大壶，湖北随州曾侯乙墓出
土，湖北省博物馆藏（杨兴斌/摄）

图4-31 战国中山王墓山字形铜器，河北平山中山王墓出土，河北省博物馆藏（聂鸣/摄）

次编为一、二、三号，规模最大的是二号墓，建造时间一号墓最早，二号墓次之，三号墓最晚。二号墓1929年至1930年曾遭大规模盗掘，其中出土有玉简册、玉圭和大玉璜等。一号墓出土了成套的仿铜的陶质礼器，有升鼎9件、簋2件、壶4件、鉴4件、盘1件及匜1件，还出土铲、锄、犁、斧、削等铁器93件，是中国第一次成批出土的战国铁器。在一号墓的南墓道中发现有放置车马的墓室，表明自西周以来在大墓旁另建车马坑的制度已经改变。

中山国系北方少数民族白狄建立的国家，春秋时期称鲜虞，战国时期以"中山"为名，这主要因为其都邑"城中有山，故曰中山"。1978年，考古工作者在河北平山县三汲发掘了一处战国时期的古城址。其中一号和六号墓为中山国王的大型墓葬。两墓出土的中山国青铜器数量多，很具典型性。圆鼎为圆腹、平底，与一般圆鼎的圆腹、圆底的形制有别。细孔流素面鼎与西周以后中原出现的带流鼎有着渊源关系，但大平底和实体封闭式流则是其独特的构思；鬲作实足；甗的下半部很像是釜，但其下半部还保留了3只小足，是鬲到釜的过渡形式；簋的腹体作直上直下式，盖纽与器足形状不一致；豆是方座豆，与中原器相近，唯方座独具特色；山字形器 (图4-31) 为三支锋由下至上，削尖抹刃，两侧向下内回转成镂空雷纹，下部中间有圆筒状銎。该器雄伟庄重，既是王权的象征，又是中山国的徽标。四龙四凤方案 (图4-32)，案框为正方形，由四条龙头顶斗拱支撑，斗拱为仿

图4-32 战国错金银四龙四凤铜方案，河北平山中山王墓出土，河北省博物馆藏（聂鸣/摄）

木结构建筑形式，底座呈圆环形，由两牡两牝四只梅花鹿等距环列侧卧承托，结构之复杂，造型之优美，为惊世之作。虎噬鹿屏风座（图4-33）的通体为一只斑斓猛虎，虎身躯浑圆，向右弓曲呈S形，虎背的后部和颈上各立饰兽面的长方形銎，虎巨口张开，咬噬着一只挣扎着的小鹿，是艺术品中的杰作。十五连盏灯的灯体如树，由灯座和7节灯架构成，灯座平面呈圆形，饰有3条弯曲成S形的镂空翼龙，座下有3只等距离环列的双身虎承托金器。座上立2个赤膊短裳的家奴，正在向上抛食戏猴。灯枝高低错落，枝头各托一圆形灯盏，枝间小鸟栖息，群猴嬉戏，神龙向上蜿蜒游弋。

中山国青铜器铭文内容丰富，可补历史文献的佚缺。平山三汲一号大墓出土的几件长铭铜器，如469字的中山王铁足鼎、450字的中山王方壶等。其刻铭记录了许多文献无载的事实。从中山武公立到被魏灭，前后共7年时间。桓公被灭后，又复了国，并迁都灵寿

图4-33 战国错金银铜虎嗜鹿屏风座，河北平山中山王墓出土，河北省博物馆藏（聂鸣/摄）

（今平山三汲）。在魏灭中山到桓公复国的7年中，魏仍保留了中山国国名，而另封魏人守中山。

中山王墓的发现对研究中山国青铜文化有着重要价值。白狄建立的中山国，处在燕、赵等几个大国之间，受华夏族影响很大，因而其青铜器融合了华夏族的特点，但也保留了一些本民族的风格。

礼在东方

中国青铜器

5

青铜时代的地域观念

▎ 北方地区的青铜文化

　　"北方青铜文化"覆盖地域辽阔，文化内涵丰富，器物造型和装饰纹样独特，是中国古代文明的重要组成部分。"北方青铜文化"中的器物按用途可以分为兵器、工具、生活用具、装饰品4个大的类别，是北方民族生产、生活的真实写照。

　　辽河上游区，主要是夏家店下层文化分布区，分布在燕山以北，辽河上游地区，最南部可抵达燕山。在其分布范围内发现了数批青铜礼器窖藏，如辽宁喀左县北洞村发现的两个青铜器窖藏坑，一号坑出土有5件罍、一件瓿，二号坑出土2件圆鼎和方鼎、簋、罍、钵形器各一件。（图5-1）辽宁义县也发现一个青铜器窖藏坑，出土两件甗，鼎、簋、俎形器各一件。这些青铜礼器多数属于商末周初，有的则早到商代中期，如内蒙古克什克腾旗和翁牛特旗出土的鼎和甗。（图5-2）这些青铜器的单个器物形制及纹饰风格均与殷墟相似，尤其是鼎和甗，但是它们出土情况却与殷墟不同，器物组合单一，仅见食器和盛酒器，没有饮酒器。这说明北方辽河上游区，虽然吸收了中原殷墟青铜礼器的形制特点，但并未接受青铜礼器的祭祀方

145

图5-1 西周早期"匽
侯"青铜盂，1955年
辽宁喀左出土，中国国
家博物馆藏。此器内
壁铸铭文"匽侯作盂"
（"匽"即"燕"）
（孔兰平/摄）

图5-2 青铜鼎，夏家
店下层文化（约公元前
2000年—前1500年），
内蒙古赤峰翁牛特旗头
牌子出土，中国国家博
物馆藏（孔兰平/摄）

式，保留着明显的地方特色。该区最具特色的应是大量的各式兽首青铜兵器和用具，如青龙县抄道沟出土的羊首曲柄短剑、鹿首弯刀、铃首弧背刀、曲柄匕和铜戚等。

燕山以南的冀北区，这里是大坨头文化的分布区，该区的青铜礼器群以北京平谷区刘家河商代墓葬为代表。墓内出土青铜礼器有2件方鼎、3件圆鼎，鬲、甗、爵、斝、卣（图5-3）、罍、瓿各1件，2件盉、2件盘等共16件。此外，墓内还出土有铁刃铜钺、铜饰、金臂钏、金耳环、金箔及玉器

图5-3 商中期饕餮纹卣，1977年北京平谷县刘家河出土，首都博物馆藏

147

等。这批青铜礼器大多与殷墟青铜器类似，但制作粗糙，盘宽沿，沿边左右对立两鸟形柱，盘内壁有鱼纹三组，内底中心有龟形图案，风格特殊，为当地特色。墓内金制品也具当地特色，不见于殷墟。该区青铜礼器群的器类较齐全，与燕山以北的辽河上游区不同，受中原的影响更明显。但由于此区毗邻燕北夏家店下层文化分布区，出土的金质品又具有夏家店下层文化的特色，故可称为夏家店下层文化之燕南型。

李家崖文化分布区在今天的晋陕黄河两岸。商王朝西北部多为方国如土方、工方和鬼方的居住地。此区与北方草原青铜文化区为邻，青铜器带有北方草原青铜器的特点，主要表现在各式青铜兵器、工具和盘、簋等礼器上。

20世纪70年代在内蒙古鄂尔多斯发现的朱开沟遗址，存在5个阶段的文化遗存。构成该文化的器物群，发展序列清楚，衔接比较紧密，是一脉相承发展起来的地方性文化。从朱开沟第三阶段始，就出土数量较多的青铜器，多系小件器物，如铜锥、铜针、耳环、铜环等；到第五阶段时，开始出现青铜容器、兵器和工具，有鼎、簋、爵、短剑、戈、刀等。其中铜戈直内，窄栏，厚脊，尖锋，两面刃，具有地方特色；所饰虎头纹，其造型及花纹风格却与偃师商城二里冈上层的大体相似。说明该文化与中原青铜文化关系紧密。

夏家店上层文化的主要年代是在两周之际。它继承了商末周初的一些传统，并对后来的春秋战国时期的北方青铜器产生影响。夏家店上层文化经过调查和发掘过的重要遗址有夏家店、药王庙、蜘蛛山、南山根、小黑石沟、龙头山和关东车等，这些遗址中大部分不仅发现有居住址，还发现有属于该文化的墓葬。(图5-4) 以宁城南山根命名的南山根类型的夏家店上层文化的典型遗存，分布地域偏西，与内蒙古中南部地区连接，其文化内涵明显地包括两个系统的文化遗物。一是以曲刃短剑、柄部带齿铜刀和

图5-4 双联青铜剑鞘，夏家店上层文化，内蒙古宁城小黑石沟出土，中国国家博物馆藏（孔兰平/摄）

扇形刃铜斧为代表的器物群；二是以柳叶形短剑、弧背凹刃铜刀为代表的北方草原文化青铜器。两个系统文化在赤峰地区接触，形成了高度发展的夏家店上层文化。南山根类型的年代，一般估计为西周至春秋。从南山根出土的凹格短剑造型看，其时代上限可早到西周早期，与林西大井铜矿夏家店上层文化冶铸遗址碳十四测定的年代是相吻合的。可以看出，夏家店上层文化与北方草原文化青铜器有着比较密切的亲缘关系。夏家店上层文化的青铜器种类丰富多样，容器有鬲、鼎、豆、勺、罐等，这些青铜容器体量较大，为自身文化传统的器类和器形，且装饰风格也独具特色。另

149

图5-5　春秋早期云纹盘，1986年北京延庆县玉皇庙
墓地出土，首都博物馆藏

图5-6　春秋早期三角云纹匜，1986年北京延庆县玉
皇庙墓地出土，首都博物馆藏

外，青铜武器、工具、装饰品等制作精良，成为该文化青铜器中最具特色的器物。主要器物是锤斧、匕、镞和装饰多样的铜牌饰。夏家店上层文化遗址出土的青铜器，从其造型艺术看，是综合了文化交流的结果，呈现出多样性的青铜文化。

"北方青铜文化"源于夏商时期，商代晚期至西周初具规模，西周晚期至春秋早期得到了长足发展，春秋中期至战国达到鼎盛；异彩纷呈的各种青铜动物纹饰牌，在秦汉时期，为"北方青铜文化"留下了最后的辉煌。"北方青铜文化"在漫长的发展历程中，融合了中原地区及北方草原地区的文化因素，形成了自身特色。（图5-5）（图5-6）

▌ 西南地区的巴蜀文化

巴蜀文化是华夏文化的一个分支，商周时期也已经进入青铜文化。历史文献上所记载的巴国，是指与西周王室同姓的姬姓巴国。早在殷商时代，巴国已见称于世，殷墟甲骨文称为"巴方"，是商代很活跃的一个方国。商代末年，周武王率西土之师东伐殷纣王，巴师充当前锋，勇锐无敌，歌舞以凌，致使殷人前徒倒戈，对西周王朝的建立作出了贡献。所以西周王朝建立之初，周武王分封宗姬于巴，成为最早受周王室分封的姬姓诸侯之一。春秋时代，巴与楚国反目为仇，被迫转入渝东长江干流和四川盆地东部。公元前316年巴国为秦国灭亡。巴青铜文化特点突出：一是大量使用巴蜀符号，并刻铸在青铜器和印章上；二是乐舞发达，人民能歌善舞，其青铜乐器以錞（chún）于为重器。

早期蜀文化是以三星堆遗址为代表的商代青铜文化，这一点由于近年来三星堆遗址发现了早期城墙，证实三星堆遗址即蜀国早期都城而最终得以确认。《尚书·牧誓》中所记载的周武王伐商纣的联军中的蜀，就是古蜀国。古蜀国青铜文化与中原商文化同步发展，至商代晚期达到高

图5-7　商代青铜立人像，
四川广汉三星堆博物馆藏
（鸥戈/摄）

度繁荣。蜀国青铜文化，自身特点非常鲜明。足以说明它是在本地发展起来的一支土著文化。如三星堆1、2号祭祀坑中出土的金杖、金面罩、青铜大型立人像、青铜面具、神树等，均为中原其他地区所未见。其中，2号祭祀坑中出土的青铜巫师立像 (图5-7) 高达2.62米，重180多千克，巫师头戴兽面形高冠，身着衣服三层，最外层衣服近似"燕尾服"，两臂平抬，两手呈持物献祭状。这样高大的青铜铸像在商代青铜文明中是独一无二的。同坑出土的还有象征蜀王先祖蚕丛的大型青铜面具 (图5-8)，宽138厘米，重80多千克，造型极度夸张，大耳高耸，长长的眼球向外凸出，其面容威严。青铜神树高384厘米，树上九枝，枝上立鸟栖息，枝下硕果勾垂，树干旁有一龙援树而下，十分生动、神秘，它把有关古代扶桑神话形象具体地反映出来了。以祖先崇拜和动植物等自然神灵崇拜为主体的宗教观念，这是早期蜀人最主要的精神世界。值得注意的是2号祭祀坑出土的四牛尊内，装填有海贝及玉器，三羊尊内装大量海贝，四羊罍出土时内装一青铜凤鸟饰；还有各种禽、兽、仪仗、装饰品类，器类有爬龙柱形器、虎形器、蛇形器、鸡、凤鸟、铃、援、车形器等。这些器物突出体现了这一地区青铜文化的特征和祭祀文化的面貌。

古蜀国自身有着悠久的历史，三星堆出土青铜器显示的本地礼俗与中原礼制有着明显的区别。三星堆出土的商代青铜器以各种青铜面具和武器为多数，礼器很少，且器类简单，主要有尊、罍等大型盛酒器，缺少中原地区习见的爵、斝、角、觯等酒器，而且不见食器。这一点与江南各地颇为一致，不仅表示两地习俗不同，也可说明两地祭祀礼仪有别。

战国时期的蜀文化，已经进入晚期，由于受到了楚文化的影响，这时期的青铜器与楚器非常近似。最有特色的是青铜兵器，如短剑、戈、钺等，与中原和东南地区不同，短剑作柳叶形；戈胡分列援的两侧，但较短；铜钺銎首折腰。

图5-8　商代青铜纵目面具，四川广汉三星堆博物馆藏
（樊甲山/摄）

巴人的活动最早见于殷墟甲骨文记载，商人称其为"巴方"，当时他们生活在今陕西省汉水流域，以后逐渐南迁至今湖北清江流域和重庆境内。巴国与蜀国一同参加了周武王伐纣，被西周封国。巴国在春秋战国时期经常与楚国发生战争，巴国的都城也不断迁徙。在此期间，巴国青铜文化发展到高峰。青铜器种类多，数量大，分布广，制作水平也日臻成熟，地方特征鲜明突出。其中，以虎纽錞于最为多见，青铜器纹饰常用虎纹，巴国文字和符号也广泛流行。巴、蜀本是两种文化，但相互毗邻，两种文化渗透最终趋同，春秋时期最终形成了"巴蜀文化"。

▍ 南方的吴城文化

南方的吴城文化是指商时期分布在赣江中下游，鄱阳湖以西的赣北、赣西北、赣中地区的一种地方青铜文化。吴城文化既带有浓厚的中原商文化色彩，又具有鲜明的地方特色，因首先发现于江西省樟树市的吴城而得名。其时代大致相当于商代和西周时期或更晚。青铜工具有刀、斧等，发现有35件铸造铜斧、凿、刀等用的石范，与中原地区广泛使用的陶范不同。

南方吴城文化的青铜器，在吴城、大洋洲、铜岭等遗址中出土，绝大部分约属于商代晚期文化，包括樟树山前的虎耳、鸟耳扁足鼎；大洋洲中陵水库出土的8件鼎；1989年在江西新干县大洋洲发掘的长方形土坑竖穴墓中，出土器物青铜器485件、玉器754件、陶器356件，其中以青铜器最为引人瞩目，其数量之多，造型之美，铸工之精，均为中国南方仅见。（图5-9）

（图5-10）新干青铜礼器的器类组合表现出明显的地方特色，以饪食器和酒器为主，饪食器数量最多，种类齐全，有鼎、鬲、甗38件。其中的四足方甗形体高大，高115厘米，被誉为"甗王"。酒器主要有尊、卣、壶等，与中原地区相较组合有所不同。

157

图5-9 商代铜勾戟与带銎铜钺，吴城文化，江西新干县大洋洲出土，首都博物馆藏（聂鸣/摄）

图5-10 商后期云雷纹铜建鼓，吴城文化，首都博物馆藏（聂鸣/摄）

　　南方吴城文化的青铜器群所呈现的文化传统特征表明该青铜文化具有自成一系的鲜明特色， 它与当时的中原商文化之间存在着明显的差异。首先，以方鼎、圆鼎、鬲、甗为中心的重食组合是吴城文化的青铜器最为突出的特色；再者，吴城文化中是以大型铙、镈为乐器。

参考文献

[1]   中国社会科学院考古研究所.殷周金文集成[M].北京：中华书局，1984.

[2]   郭沫若.两周金文辞大系图录考释[M].北京：科学出版社，1957.

[3]   包利斯科夫斯基П.И.石器时代、青铜器时代、铁器时代[M].北京：三联书店，1957.

[4]   郭沫若.奴隶制时代[M].北京：人民出版社，1977.

[5]   北京大学历史系考古教研室商周组.商周考古[M].北京：文物出版社，1979.

[6]   中国社会科学院考古研究所.殷墟妇好墓[M].北京：文物出版社，1980.

[7]   郭宝钧.商周青铜器群综合研究[M].北京：文物出版社，1981.

[8]   唐兰.西周青铜器铭文分代史徵[M].北京：中华书局，1986.

[9]   李学勤.新出青铜器研究[M].北京：文物出版社，1990.

[10] 尹盛平.西周微氏家族青铜器群研究[M].北京：文物出版社，1991.

[11] 桑行之.说金[M].上海：上海科技教育出版社，1994.

[12] 李伯谦.中国青铜文化体系研究[M].北京：科学出版社，1997.

[13] 张光直.中国青铜时代[M].北京：三联书店，1999.

[14] 王晖.商周文化比较研究[M].北京：人民出版社，2000.

[15] 王玉哲.中华远古史[M].上海：上海人民出版社，2000.

[16] 丁孟.故宫藏先秦青铜器[M].北京：紫禁城出版社，2001.

[17] 许倬云.西周史[M].北京：三联书店，2001.

[18] 北野.中国文明论[M].北京：中国社会科学出版社，2001.

[19] 李泽厚.美的历程[M].天津：天津社会科学院出版社，2001.

[20] 丁孟.中国青铜器识别[M].辽宁：辽宁人民出版社，2004.